VICENTE ZANCAN FRANTZ

A PENA DE PRISÃO COMO TEMPO DE VIDA EM UM ESTADO DEMOCRÁTICO DE DIREITO

Pesquisa de monografia final do Curso de Graduação em Direito, objetivando a aprovação no componente curricular Monografia.
UNIJUÍ – Universidade Regional do Noroeste do Estado do Rio Grande do Sul.
DEJ – Departamento de Estudos Jurídicos.

Orientadora: Patrícia Borges Moura

Ijuí - RS – Brasil, 2006.

vzfrantz@gmail.com

Publicado por www.kobo.com e www.amazon.com em 2015

RESUMO

A presente monografia abordou a temática da pena de prisão como tempo de vida em um Estado Democrático de Direito, numa proposta reflexiva, sem a pretensão de esgotar o assunto, pois há um desequilíbrio entre o tempo de prisão e o tempo de vida de um cidadão, no referido modelo estatal. Para tanto, reiterou-se o poder de penar do Estado, demonstrou-se a deslegitimação do sistema penal e se evidenciou desequilíbrios na utilização do tempo como pena. A seguir, elencaram-se premissas de um Estado Democrático de Direito, a partir da Ciência Política; analisou-se a relação entre Penal Direito e controle social, bem como se confrontou sistema penal e Estado Democrático de Direito brasileiro. Finalmente, estudou-se o Garantismo, o princípio da Legalidade, o Direito Penal Mínimo e o Direito Penal Máximo; teceram-se considerações sobre o tempo e pensou-se na medida da pena estabelecida pelo juiz. Ao se refletir sobre a pena de prisão como tempo de vida em um Estado Democrático de Direito, registrou-se uma visão prospectiva, sugerindo-se uma justiça reconstrutiva. Igualmente, ressaltou-se que, no Brasil, a pena de prisão fere garantias e princípios constitucionais, podendo-se afirmar que os apenados são punidos não apenas com a retirada de seu tempo de vida (privação de liberdade), mas também com a inobservância de sua dignidade. Além disso, frente à luz de um Estado Democrático de Direito, o tempo da pena de prisão significa justamente o tempo de vida que se retira de um cidadão, surgindo uma situação paradoxal: como se retirar tempo de vida de um cidadão, sabendo-se que em tal período sua dignidade será desrespeitada, bem como se justificando referida punição com a necessidade de se atingir determinados fins, mesmo que se saiba previamente que estes não serão atingidos? Da mesma forma, como se punir em democracia?

ABSTRACT

The present monograph approached the theme of the punishment by confinement as life time in a Democratic State of Law, aiming to reflect, without any intention of finishing the issue, because there is a disequilibrium between the time of confinement and the life time of a citizen, in the related state. To achieve this, it was confirmed the state right of punishment, it was showed that the punishment by confinement is not legit and it was also demonstrated disequilibriums when using time as punishment. After this, it was enumerated premises of a Democratic State of Law, from Science Politics; it was analyzed the relation between criminal law and social control, as well as if it collated criminal system and Democratic State of Law in Brazil. Finally, it was studied a system of individual guarantees, the Principle of Legality, minimum criminal law and maximum criminal law; it was thought time and the measure established by the judge. When reflecting on the punishment by confinement as life time in a Democratic State of Right, it was registered a future vision, suggesting a reconstructive justice. Besides, it was said that, in Brazil, the punishment by confinement disrespect constitutional guarantees and principles, the reason why prisoners are punished not only by withdrawing their life time (freedom privation), but also by disrespecting their dignity. Moreover, in a Democratic State of Law, the punishment by confinement time exactly means the life time withdrawn from citizens, coming up a paradoxical situation: how to withdraw life time of a citizen, when known that in such period his dignity will be disrespected? Further, how is it possible to punish a citizen when it is previously known that the aims of this penalty will not be achieved? In the same way, how is it possible to punish in democracy?

SUMÁRIO

INTRODUÇÃO

1 A PENA DE PRISÃO
1.1 Teorias justificadoras do poder de penar do Estado
1.1.1 Teorias absolutas ou retributivas da pena
1.1.2 Teorias relativas ou preventivas da pena
1.1.3 Teoria mista ou unificadora da pena
1.1.4 Teoria da prevenção geral positiva
1.2 Deslegitimação do sistema penal
1.2.1 Legitimidade e legalidade
1.2.2 Deslegitimação pelos próprios fatos
1.3 O tempo como pena
1.3.1 Pena e retribuição
1.3.2 O tempo da pena

2 A RELAÇÃO HOMEM/CRIME E O ESTADO DEMOCRÁTICO DE DIREITO
2.1 As premissas de um Estado Democrático de Direito
2.1.1 Thomas Hobbes: estado de natureza e contrato social
2.1.2 John Locke e o individualismo liberal
2.1.3 Montesquieu: sociedade e poder
2.2 Direito Penal e controle social
2.3 Sistema penal e Estado Democrático de Direito

3 A PENA DE PRISÃO COMO TEMPO DE VIDA EM UM ESTADO DEMOCRÁTICO DE DIREITO
3.1 Garantismo
3.1.1 Princípio da Legalidade
3.1.2 Direito Penal mínimo e máximo
3.2 Considerações sobre o tempo
3.2.1 A medida fixada pelo juiz
3.3 Reflexões e questionamentos: uma visão reflexiva
3.4 A pena de prisão como tempo de vida em um Estado Democrático de Direito

CONCLUSÃO
REFERÊNCIAS

INTRODUÇÃO

Sem se deter exatamente ao mérito da pena de prisão, nem tampouco na eficiência do Estado em realizar plenamente a função que a Constituição o reserva, referir-se-á a esses temas para desenvolver a presente pesquisa. O referido estudo entre tempo de vida e tempo de pena de prisão, inegavelmente, apresenta-se como essencial para se entender melhor a inserção do Direito Penal na sociedade contemporânea. O desenvolvimento desse ponto, por sua vez, poderá, posteriormente, contribuir para a solução de problemas nessa sociedade atual.

Para se realizar a pesquisa em questão, no primeiro capítulo, sobre a pena de prisão, analisar-se-ão teorias justificadoras do poder de penar do Estado e a deslegitimação do sistema penal, bem como serão evidenciados os desequilíbrios na utilização do tempo como pena.

A seguir, no segundo capítulo, acerca da relação homem/crime e o Estado Democrático de Direito, buscar-se-á elencar premissas de um Estado Democrático de Direito, a partir da ciência política, analisar a relação entre Direito Penal e controle social, como também confrontar sistema penal e Estado Democrático de Direito, no Brasil.

Em seguida, no terceiro capítulo, a respeito da pena de prisão como tempo de vida em um Estado Democrático de Direito, abordar-se-ão o Garantismo, o princípio da Legalidade, o Direito Penal Mínimo e o Direito Penal Máximo; tecer-se-ão considerações sobre o tempo; pensar-se-á na medida da pena estabelecida pelo juiz; relacionar-se-ão os pontos do presente estudo, refletindo-se sobre a pena de prisão como tempo de vida em um Estado Democrático de Direito, anotando-se uma visão prospectiva.

Finalmente, a metodologia utilizada para a elaboração do presente trabalho de monografia será a abordagem dedutiva, com base em pesquisa bibliográfica.

1 A PENA DE PRISÃO

1.1 Teorias justificadoras do poder de penar do Estado

A comunidade jurídica, de modo geral, afirma que a justificativa da pena é, simplesmente, a sua necessidade (BITENCOURT, 2006, p. 102). Ao se analisar a função que o Estado resguarda ao Direito Penal, verifica-se a incumbência de pacificar a convivência social, harmonizando o conjunto das relações da sociedade. A pena, por sua vez, é um instrumento que o Direito Penal utiliza para cumprir as suas atribuições, decorrendo do poder de penar do Estado, expressão sinonímia do poder de punir.

Ao longo da história, vários meios de reprovação de condutas "ingratas" foram empregados. Houve um tempo em que predominou a punição pela retirada da própria vida do condenado. Nos dias atuais, objetivando, teoricamente, não só reprovar, mas também (re)educar, (re)socializar e prevenir, a pena de prisão é a mais utilizada. Entretanto, em razão de diversos fatores, nem todos conhecidos minuciosamente, observa-se que o citado sistema de punição não tem obtido êxito. Nesse sentido, com relação ao insucesso da pena de prisão quanto ao alcance de seus objetivos, justifica-se a utilização da expressão "(re)educar" e "(re)socializar": como reeducar quem nunca foi educado? Como ressocializar quem nunca foi incluído na sociedade? Dessa forma, o emprego dessas expressões ajuda a entender o fracasso da pena privativa de liberdade.

Em função da constante evolução das relações humanas e sociais, as teorias justificadoras do poder de penar do Estado também acabam sendo aprimoradas ao longo do tempo. A seguir, abordar-se-ão algumas teorias acerca da função da pena. A saber, a teoria absoluta, a relativa, a unificadora e a da prevenção geral positiva.

1.1.1 Teorias absolutas ou retributivas da pena

As teorias absolutas se relacionam, inicialmente, com o Estado absolutista (século XV e XVI). Neste, era clara a ligação entre o Estado e a religião, estabelecendo-se a pena como um meio de se punir pelo mal cometido, geralmente um pecado ou um delito. Quem agia contra o soberano também agia contra Deus, e por isso deveria ser punido (BITENCOURT, 2006, p. 104).

Com o surgimento do Estado burguês (século XVIII), o fundamento da pena deixa de ser atrelado ao Estado e à religião e passa a ser baseado no contrato social. Assim, com a adoção de uma ordem jurídica pelos homens, a pena se consubstanciava na forma de retribuição à violação das leis, bem como no meio de restabelecer a ordem jurídica interrompida por tal infração. Ou seja, o indivíduo que infringia o referido contrato social evidentemente atentava contra a organização social, passando a não mais ser considerado como membro da sociedade, mas, nas palavras de Bitencourt (2006, p. 105), "um rebelde cuja culpa podia ser retribuída com uma pena." E a retribuição do Estado, através da pena, era o meio para se fazer justiça, sendo esta concretizada através da punição.

Entre os pensadores da teoria absolutista ou retribucionista, destacam-se Kant, cuja fundamentação se dá através de uma ordem ética; e Hegel, que formula sua teoria com base numa ordem jurídica (BITENCOURT, 2006).

Para melhor se entender Kant, inicialmente cabe observar que, para ele, o Direito deve acatar a moral. O benefício dos direitos de cidadania pressupõe respeito às leis. E a prática de uma conduta de acordo com a lei deve ser impulsionada pela vontade de respeito à moral. Isso implica poder afirmar que acatar o Direito é uma consequência de exigência moral. (BITENCOURT, 2006, p. 107).

Considerando a liberdade como base para seu pensamento, Kant descreve uma conduta justa como aquela que não suprime ou prejudica a liberdade de todos em seu conjunto, nem tampouco as liberdades individuais. Com isso, se todos os indivíduos mantivessem uma conduta justa e ética, o que demandaria altíssimo grau de instrução e educação do homem, o Direito não seria mais necessário (BITENCOURT, 2006, p. 108).

Enquanto esse hipotético estado de perfeita convivência não é alcançado, utiliza-se o Direito Penal como forma de castigar o delinquente, simplesmente em razão de sua culpa. Ou seja, o fundamento da aplicação da pena limita-se na violação da lei, punindo-se o culpado, não se intentando alguma retribuição pela sociedade ou o benefício do próprio delinquente (BITENCOURT, 2006, p. 108).

Para a antropologia Kantiana, que admite somente penas retributivas, o homem é um ente livre, que escolhe conforme a sua consciência (ZAFFARONI, 1999, p. 46)

Diferentemente, de acordo com Hegel citado por Bitencourt (2006, p. 109), "a pena é a negação da negação do Direito." Hegel justifica a pena como a necessidade de restabelecer a vigência da ordem jurídica, a qual fora negada pela comissão de um delito. Quer dizer, se o delinquente nega a ordem jurídica pela prática de um delito, deve-se negar esta negação através da aplicação de uma pena, reafirmando-se, assim, a ordem jurídica intacta.

Considerando a racionalidade, a liberdade e os fundamentos do Direito, a aplicação da pena significa tratar o delinquente como um ser livre e racional, uma vez que a manifestação de sua vontade negou a ordem jurídica, cabendo a pena como o próprio direito do condenado. Nas palavras de Bitencourt (2006, p. 110), Hegel entende que a pena é a "maneira de compensar o delito e recuperar o equilíbrio perdido."

1.1.2 Teorias relativas ou preventivas da pena

Como a sua denominação já sugere, a teoria preventiva busca prevenir tanto a prática de um delito quanto a sua reincidência. Não pretende, ao contrário da teoria absoluta, alguma espécie de retribuição. A teoria relativa, desenvolvida no período do Iluminismo (século XVIII), subdivide-se nas formas de prevenção geral e especial (BITENCOURT, 2006).

Há duas ideias básicas que fundamentam a teoria da prevenção geral. A primeira consiste numa advertência da lei, mais precisamente, como descreveu Feuerbach citado por Bitencourt (2006, p. 113), numa "coação psicológica". A cominação penal de um determinado fato teria a função de auxiliar na persuasão dos cidadãos para que não o cometessem, o que seria um delito. A segunda ideia fundamental da presente teoria está relacionada com a ponderação da racionalidade do homem. Este teria liberdade e capacidade para agir racionalmente (BITENCOURT, 2006, p. 113).

Para entendermos melhor a teoria em tela, é interessante destacarmos que ela parece não levar em consideração alguns aspectos relevantes. O primeiro deles é a confiança do delinquente em não ser descoberto, tornando-o imune à referida coação psicológica exercida pela lei. O segundo aspecto desconsiderado é o não conhecimento da norma jurídica por seu destinatário, o que tornaria a cominação penal ineficaz para fins de prevenção. Finalmente, um terceiro ponto inobservado pela teoria relativa de prevenção geral é a insuficiência da cominação penal para persuadir os cidadãos a não delinquirem (BITENCOURT, 2006, p. 114-116).

Enquanto a prevenção geral visa a prevenir de um modo geral, a prevenção especial enfoca o caso particular de delinquência, objetivando evitar a reincidência. Nesta teoria, assim, a aplicação da pena tem a função de ressocializar e reeducar o delinquente, intimidar os que não precisam de tais correções, bem como neutralizar os incorrigíveis. Não obstante, a pena se justifica pela necessidade de se defender a nova ordem jurídica e a sociedade, afetadas pelo delito (BITENCOURT, 2006, p. 116-117).

A teoria da prevenção especial considera o delito como uma violação à ordem jurídica e um dano social, sendo o delinquente tido como um perigo à sociedade. Nessa lógica, essa tese poderia evidenciar a desnecessidade de aplicação de pena. Vejamos: já que a função da pena não é de prevenção geral, nem tampouco de retribuição, caso o delinquente não necessite de intimidação, reeducação, ou inocuização, pois ausente a probabilidade de reincidência, evidenciar-se-ia a impunidade do delinquente (BITENCOURT, 2006, p. 118-119).

1.1.3 Teoria mista ou unificadora da pena

A teoria em questão surgiu a partir da crítica às teorias absoluta e relativa. Afirma que estas não correspondem à complexidade dos fenômenos sociais contemplados pelo Direito Penal, prejudicando a segurança e os direitos fundamentais dos homens (BITENCOURT, 2006, p. 119).

A tese mista ou unificadora entende que a pena deve ser fundamentada somente no delito praticado, sendo vedado aferi-la função ou responsabilidade de prevenção geral, específica, ou de prevenção através da retribuição.

O poder de penar do Estado existe para defesa da sociedade. Numa visão conservadora, a pena deve ser uma retribuição justa. Contudo, numa visão progressista, a pena deve apenas proteger bens jurídicos, vedando-se sua elevação para além do merecido pelo fato praticado (BITENCOURT, 2006, p. 120).

1.1.4 Teoria da prevenção geral positiva

Diante da insatisfação quanto às teorias anteriormente elaboradas, os cientistas jurídicos continuaram pesquisando, buscando evoluir as teorias justificadoras do poder de punir do Estado. Desse modo, surge a teoria ora analisada, que é subdividida em teoria da prevenção geral positiva fundamentadora e teoria da prevenção geral positiva limitadora (BITENCOURT, 2006, p. 121).

Com relação à prevenção geral positiva fundamentadora, seus representantes de maior destaque são Welzel e Jacobs. O primeiro pensa que a função da pena não é exatamente proteger bens jurídicos, mas garantir a vigência dos valores ético-sociais contemplados na ordem jurídica, legitimando o Direito Penal perante o Direito. Jacobs, por sua vez, crê que o ordenamento jurídico visa à harmonia social, cabendo-lhe orientar uma conduta social a ser seguida, devendo a pena se engajar nesse sentido (BITENCOURT, 2006, p. 122).

Referida teoria, assim como as demais, pode ser criticada por não ser suficientemente objetiva, bem como por não apresentar solução que satisfaça as necessidades teóricas da pena.

Quanto à prevenção geral positiva limitadora, seus seguidores, como Hassemer, entendem que o poder punitivo do Estado deve ser limitado pela prevenção geral. Nas palavras de Bitencourt (2006, p. 126), esses limites "materializam-se através dos princípios da intervenção mínima, da proporcionalidade, da ressocialização, da culpabilidade, etc."

Esta tese vê o Direito Penal como um instrumento formal de controle social. A prevenção geral positiva, finalidade maior da pena, embora também seja composta pela ressocialização e pela retribuição, consiste, principalmente, nos referidos sentidos intimidatórios e limitadores (BITENCOURT, 2006, p. 126-127).

Então, enquanto a teoria mista defende a retribuição como forma de defesa da sociedade, a teoria da prevenção geral já começa a apontar para o sentido de ressocialização através da prevenção.

1.2 Deslegitimação do sistema penal

A pena de prisão faz parte do sistema penal. A falência da tradicional pena privativa de liberdade está diretamente ligada à falência do tradicional sistema penal. Para se analisar a pena de prisão como tempo de vida, à luz de um Estado Democrático de Direito, o tema de estudo proposto nesta pesquisa, é imprescindível que se reflita acerca das condições estruturais do sistema penal como um todo, incluindo a pena de prisão.

No momento em que se intenta estudar um possível desequilíbrio entre tempo de vida e tempo da pena, sobretudo humanizando e dignificando o sistema penal, deve-se buscar alcançar as raízes do problema. Para tanto, sem se deter exatamente no mérito da pena de prisão, nem tampouco na eficiência do Estado em realizar plenamente a função que a Constituição o reserva, analisar-se-á a deslegitimação do sistema penal, seja dentro ou fora da prisão. Certamente, esse estudo qualificará a relação entre tempo de vida e tempo de pena, como também possibilitará que, posteriormente, seja pensada a (re)legitimação do sistema penal.

Inicialmente, abordar-se-á o discurso tradicional de legitimidade e legalidade do sistema penal. Em seguida, tratar-se-á da deslegitimação pelos próprios fatos.

1.2.1 *Legitimidade e legalidade*

O sistema penal decorre do exercício do poder social. Sua legitimidade existe em função de sua racionalidade, sendo o discurso jurídico-penal racional e legítimo somente se for coerente e verdadeiro. Desse modo, se o discurso jurídico-penal for irremediavelmente incoerente e inverídico, constatar-se-á que a legitimidade do sistema penal não passa de mera utopia (ZAFFARONI, 1991, p. 16).

A legalidade, por sua vez, significa a efetivação do sistema penal de acordo com a programação legislativa. Esse conceito origina os princípios da legalidade penal e da legalidade processual. O primeiro determina que o exercício do poder punitivo seja dentro de limites previamente estabelecidos. O segundo, não obstante, exige que os órgãos competentes responsabilizem todos os autores de condutas típicas, antijurídicas e culpáveis (ZAFFARONI, 1991, p. 21). Destaca-se, legalidade não pressupõe legitimidade, pois, por exemplo, algumas normas não condizem com um Estado Democrático de Direito, mesmo que tenham previsão legal.

Observando-se as condições sociojurídicas, especialmente da América Latina, constata-se facilmente a ilegitimidade do discurso jurídico-penal. Como escreve Zaffaroni (1991, p. 19), "Atualmente, é incontestável que a racionalidade do discurso jurídico-penal tradicional e a consequente legitimidade do sistema penal tornaram-se 'utópicas' e 'atemporais': não se realizarão em lugar algum e em tempo algum."

Se for considerada a função que o ordenamento jurídico reserva ao sistema penal, verificar-se-á que este é exercido à margem da legalidade, de forma arbitrária, porque a lei não é aplicada em seu conjunto. Ademais, inclusive o legislador não contempla importantes meios de controle social, impedindo que o discurso jurídico-penal abranja toda a realidade da sociedade (ZAFFARONI, 1999, p. 29).

Prova da ilegitimidade e ilegalidade do atual sistema penal, é a descrição feita por Galeano (1999, p. 112-113), que, apesar de ter sido publicada há anos, ainda é apropriada aos dias atuais, especialmente na situação da América Latina:

> Os prisioneiros do sistema penal, que levam um número no peito, perderam a liberdade e perderam o direito de esquecer que a perderam. [...] Já não há uma proposta de reintegrar o delinquente na sociedade, recuperar o extraviado, como se dizia antigamente. A proposta, agora, é isolá-lo e já ninguém se dá ao trabalho de mentir sermões. A justiça tapa os olhos para não ver de onde vem o que delinquiu, nem porque delinquiu, o que seria o primeiro passo de sua possível reabilitação. O presídio-modelo do fim do século não tem o menor propósito de regeneração e nem sequer de castigo. A sociedade enjaula o perigo público e joga fora a chave.

Sabe-se, logicamente, que o Direito deveria servir o homem, e não o contrário. No entanto, com a drástica crise jurídico-social que enfrentamos, os órgãos que efetuam o sistema penal têm sua capacidade operacional ainda mais limitada do que o restrito campo de atuação que o legislador o reservara. Com a observação da prática, constata-se que a legalidade processual não ocorre de forma plena, pois o sistema penal é exercido de um modo arbitrário, geralmente dirigido aos setores mais vulneráveis (ZAFFARONI, 1999, p.

26-27). Por isso, lamentavelmente, o Direito não está servindo o homem, ao passo que este está sendo vítima daquele.

Para fins objetivos deste estudo, mais importante do que observar a parcela da realidade social não contemplada pelo legislador é a análise acerca da referida disparidade entre o discurso jurídico-penal e a efetividade operacional do sistema penal.

1.2.2 Deslegitimação pelos próprios fatos

Ao mesmo passo em que se teoriza a deslegitimação do sistema penal e, consequentemente, da pena, é essencial que se estude a deslegitimação pelos próprios fatos, pois, logicamente, teoria e prática se complementam. Baseando-se no estudo proposto por Zaffaroni (1999, p. 38-69), verifica-se que o fato notório que mais sustenta a deslegitimação é a morte, característica do exercício do poder de nossos sistemas penais:

> O número de mortes causadas por nossos sistemas legais, ao aproximar-se e, às vezes, superar o total de homicídios de 'iniciativa privada'; o já mencionado fenômeno de mortes culposas pelo trânsito e a indiferença do sistema; a mesma indiferença pelos abortos e pelas mortes por carências alimentares e assistenciais; os processos de deteriorização de pessoas, mobilidade e condicionamento para posterior morte violenta; a morte violenta direta nas prisões e entre o próprio pessoal de algumas agências executivas – tudo isso torna claro [...] a magnitude do *fato da morte*

> (grifo do autor). [...] Diante desta constatação – à qual se acrescenta o enorme volume de violência provocada pelos órgãos do sistema penal na forma de corrupção, degradação, morte violenta de seus próprios integrantes, privações de liberdade, extorsões, etc. -, costuma-se sustentar ser esta violência preferível a uma suposta eclosão incontida do delito de 'iniciativa privada' e da 'justiça pelas próprias mãos', resultante da ineficácia do sistema penal.

Destarte, evidencia-se a disparidade existente entre o discurso jurídico-penal e a realidade social. Nesse sentido, ao se pensar acerca dos próprios fatos, admite-se que os órgãos estatais buscam o monopólio dos delitos, bem como que a legalidade não passa de ficção. Ainda, que o sistema penal adota uma política na qual "o fim justifica os meios". Da mesma forma, admite-se que o exercício do poder é apontado somente para determinados grupos - e não para reprimir os delitos de modo equânime e geral (ZAFFARONI, 1999, p. 40).

Igualmente interessante, as reflexões dos doutrinadores marxistas, ao relacionarem teoria e prática, também deslegitimam o sistema penal. Suas ideias podem ser sintetizadas com palavras de Zaffaroni (1999, p. 51): "suprimidas a pobreza e outras 'causas' semelhantes, o delito que subsistir derivará de livre decisão do autor, relegitimando-se, assim, um direito penal retributivo."

Dessa forma, seja pela evidência dos próprios fatos ou em razão da debilidade filosófica dos discursos jurídico-penais, impõe-se o reconhecimento da deslegitimação do sistema penal (ZAFFARONI, 1999, p. 48 e 67). E, uma vez assim constatado, impõem-se reflexões acerca da possibilidade de uma (re)legitimação, justamente uma das ideias que serão trabalhadas no terceiro e último capítulo.

1.3 O tempo como pena

O estudo a respeito do tempo como pena é essencial para que seja atingida a eficiência socialmente esperada da pena privativa de liberdade. Sabe-se que a pena de prisão se mostra ineficaz para atingir os objetivos a que se propõe. Inclusive, é popularmente taxada de "escola do crime". Por isso, é questão lógica questionar: punir o indivíduo com a subtração de sua liberdade é forma apropriada para dar eficácia a poder de penar do Estado? E, se for, como se mensurar quanto tempo há de se retirar de sua vida para tanto? Vejamos, neste ponto, pena e retribuição, bem como o tempo da pena.

1.3.1 *Pena e retribuição*

Benveniste citado por Messuti (2003, p. 19) lembra que o termo "pena" provém do grego, e que significava vingança, ódio. Era a retribuição utilizada para vingar um crime. Ao longo da história, no entanto, o instituto da pena se mostrou muito complexo, sendo prova disso o grande número de teorias que tentam justificá-la.

A retribuição é tão fundamental que chega a ser uma condição para a vida em sociedade, pois permite o equilíbrio de todo o sistema social, determinando que prestações ensejem contraprestações (MESSUTI, 2003, p. 20).

O delito é uma lesão que altera o equilíbrio individual, quando prejudica um dos membros da comunidade; ou social, quando lesa a lei dessa comunidade. A lesão individual deve ser reparada, enquanto a lesão social deve ser retribuída. Antes da prática de um delito, tem-se uma situação considerada justa e adequada. Por isso, a retribuição visa a restabelecer essa situação desejada, quando esta é lesada pela prática delituosa (MESSUTI, 2003, p. 21).

Há de se notar que a vingança da dignidade da vítima com a ofensa à dignidade do delinquente consiste numa contradição (DURKHEIM apud MESSUTI, 2003, p. 22-23), mas:

> A contradição é irremediável e, dado que não pode ser eliminada, tem levado a suavizar as penas, pois o delinquente, como pessoa, também merece o respeito da comunidade de pessoas. Uma possível solução seria considerar que a pena não significa 'violar a dignidade humana' do delinquente, mas, ao contrário, respeitá-la, considerando-o um ser racional que recebe o que merece segundo seus atos. Assim se justificaria a pena em função da simetria necessária para a vida social.

Por fim, a retribuição objetiva o reequilíbrio social em relação ao delinquente, e não em relação à vítima, pois cada lesão individual fere toda a comunidade (MESSUTI, 2003).

1.3.2 O tempo da pena

O tempo está ligado ao espaço. Embora a sua unidade de medida seja sempre a mesma, o espaço pode qualificá-lo de tal modo que a mesma duração de tempo, em espaços diferentes, tenha um significado distinto. O espaço da prisão qualifica o seu próprio tempo, separando-o do tempo e do espaço social (MESSUTI, 2003, p. 33).

Considerando-se a prisão como o espaço da aplicação da pena, pode-se afirmar que ela se encontra fora do espaço social. A prisão visa principalmente à exclusão, consistindo numa verdadeira condição para a nova e futura participação do apenado na sociedade (MESSUTI, 2003, p. 49).

Da mesma forma, o tempo integra a importante relação entre delito e pena. De acordo com Beccaria citado por Messuti (2003, p. 34), "quanto menor [...] a distância do tempo que passa entre a pena e o delito, [...] mais forte e duradoura será na mente a associação destas duas ideias, delito e pena, de tal modo que se considerem o primeiro como causa", e a segunda como consequência.

Outro fator importante entre tempo, pena e delito, é que o Direito Penal pune todos os delitos de modo uniforme. Há uma mesma pena cominada para ser aplicada ao mesmo delito, independentemente da vida do delinquente. No entanto, a aplicação da pena se integra no tempo de vida de cada sujeito, seguindo o seu próprio envelhecimento, tendo efeitos distintos em cada apenado. Ou seja, a vivência da pena é própria, pessoal, variando de sujeito para sujeito, embora a sua duração tenha sempre o mesmo tempo social (MESSUTI, 2003).

Essa vivência da sua própria pena é conceituada por Messuti (2003, p. 43) como "tempo subjetivo, o tempo da consciência." Complementando essa ideia, Husserl citado por Messuti (2003, p. 43) define que "o tempo objetivo [...] não transcorre mais velozmente ou mais lentamente caso seja uma criança, um velho, um paciente no dentista, um orador em uma reunião pública ou um soldado no campo de batalha o afetado pelo transcurso temporal."

Quer dizer, o tempo da pena é próprio, subjetivo, e se diferencia do tempo de vida, em razão dos fatores biológicos de cada sujeito; bem como se distingue do tempo social, objetivo, uma vez que o espaço da pena imobiliza o apenado. A este cabe concentrar-se na esperança do futuro, pois o presente não passa de uma longa espera imobilizada (MESSUTI, 2003).

Ainda, tempo e delito guardam mais uma relação determinante. Nas palavras de Messuti (2003, p. 37), "Na pena de prisão 'o mais' ou 'o menos' da lesão que supõe a pena é a duração. [...] Essa 'extensão' deve corresponder a determinada 'intensidade'; do contrário, não seria possível compará-la com o delito, que é uma lesão com determinada 'intensidade' (gravidade)". E essa relação entre pena e delito, conforme Messuti (2003, p. 49) consiste numa das grandes dúvidas acerca do Direito Penal: "como comparar a lesão que significa o delito com a determinação temporal quantitativa e abstrata da pena de prisão?".

Prisão e morte, por sua vez, são diferenciadas também em razão do tempo. Embora a prisão retire do apenado a vivência do tempo social e lhe conceda o seu próprio tempo, qualificado pelo lugar da pena e determinado pela intensidade do delito praticado, há a expectativa de reinserção na coexistência social. E esta reincorporação é possibilitada somente com a vivência do tempo da pena. No tangente à morte, simplesmente, não há tempo algum. Nem para se viver a pena, nem para se viver o futuro tempo social, que iniciaria com a respectiva reinserção (MESSUTI, 2003).

Desse modo, mesmo que o tempo de pena e o espaço da prisão sejam considerados negativos no tempo de vida do apenado, é o tempo da pena que suaviza esta em relação à morte. Mesmo assim, ao Direito Penal interessa somente a relação entre pena e delito, desconsiderando-se o tempo de vida despendido durante a prisão. Não importa, por exemplo, que o tempo de vida do apenado seja insuficiente para que ele viva todo o tempo de sua pena (MESSUTI, 2003).

Não obstante a diferença existente entre tempo de pena e tempo de vida, conforme Messuti (2003, p. 41), "o tempo da pena se quantifica em função do tempo da sociedade, e não do tempo do delinquente. Este se exclui somente do único tempo de que em realidade se lhe pretende excluir: o tempo que transcorre no espaço social."

O Direito utiliza o tempo para atingir a sua finalidade. Messuti (2003, p. 27 e 37), interpretando Foucault, salienta que a prisão, ao permitir que se quantifique a pena em função do tempo, oferece uma clareza jurídica. Por isso, quando a privação de liberdade tem natureza meramente punitiva, e não de defesa da sociedade, a determinação temporal é fundamental, não podendo ser quantificada de forma imprecisa. Com isso, precisar-se-ia melhor os fins do sistema penal.

Publicado por www.kobo.com e www.amazon.com em 2015

2 A RELAÇÃO HOMEM/CRIME E O ESTADO DEMOCRÁTICO DE DIREITO

2.1 As premissas de um Estado Democrático de Direito

As teorias acerca do Estado e suas funções são fundamentais para pensarmos a relação existente entre os homens, os crimes e o Estado Democrático de Direito. Estes três fatores são simplesmente determinantes de um resultado; a saber, a pena de prisão como tempo de vida de um cidadão. Qualquer alteração em um destes três fatores, consequentemente, modificará toda a relação existente entre eles, originando-se um novo conceito da pena de prisão como tempo de vida de um cidadão.

Portanto, quando se quer compreender a atual relação, de fato e de Direito, bem como propor um outro modelo de regras, comportamentos e atitudes, deve-se construir um raciocínio completo, analisando-se cada um dos pontos relacionados. Desse modo, convém que este trabalho seja continuado com o estudo da relação proposta no parágrafo anterior, especialmente considerando-se as palavras de Hobbes citado por Ribeiro (2001, p. 57-58):

> o mito de que o homem é sociável por natureza nos impede de identificar onde está o conflito, e de contê-lo. A política só será uma ciência se soubermos como o

homem é de fato, e não na ilusão; e só com a ciência política será possível construirmos Estados que se sustentem, em vez de tornarem permanente a guerra civil.

Para atender aos objetivos deste estudo, abordar-se-ão as teses de Hobbes, Locke e Montesquieu, pensadores clássicos da ciência política.

2.1.1 Thomas Hobbes: estado de natureza e contrato social

O pensamento de Thomas Hobbes é baseado no estado de natureza dos homens, o qual seria caracterizado pela ausência de poder e de organização, ao passo que as regras de convívio social e de subordinação política seriam estabelecidas em um contrato. Por isso, Hobbes é considerado um dos filósofos contratualistas do século XVI e XVII (RIBEIRO, 2001, p. 53).

De acordo com Hobbes citado por Ribeiro (2001), na natureza humana haveria três principais causas de discórdia. Primeiro, a competição; segundo, a desconfiança; e terceiro, a glória:

> A primeira leva os homens a atacar os outros tendo em vista o lucro; a segunda, a segurança, e a terceira, a reputação. Os primeiros usam a violência para se tornarem senhores das pessoas, mulheres, filhos e rebanhos dos outros homens; os segundos, para defendê-los; e os terceiros por ninharias, como uma palavra, um sorriso, uma diferença de opinião, e qualquer outro sinal de desprezo, quer seja

diretamente dirigido a suas pessoas, quer indiretamente a seus parentes, seus amigos, sua nação, sua profissão ou seu nome.

Com isto se torna manifesto que, durante o tempo em que os homens vivem sem um poder comum capaz de os manter a todos em respeito, eles se encontram naquela condição a que se chama guerra; e uma guerra que é de todos os homens contra todos os homens.

Essa definição de Hobbes choca as pessoas, uma vez que elas estão acostumadas com a visão aristotélica de que o homem é um animal social. Para Aristóteles, o homem vive, por natureza, em sociedade, sendo que só desenvolve todas as suas potencialidades dentro do Estado (RIBEIRO, 2001, p. 57).

No estado de natureza descrito por Hobbes, a guerra entre os homens é generalizada. "Por isso, se não há um Estado controlando e reprimindo, fazer a guerra contra os outros é a atitude mais racional que eu posso adotar." (RIBEIRO, 2001, p. 55). Igualmente nesse sentido, "enquanto cada homem detiver seu direito de fazer tudo quanto queira todos os homens se encontrarão numa condição de guerra." (HOBBES apud RIBEIRO, 2001, p. 60).

Justamente para pôr termo aos conflitos inerentes ao estado natural do homem, Hobbes propôs que fosse instituído um poder comum aos homens, capaz de proporcionar uma convivência satisfatória entre todos. Ou seja, "designar um homem ou uma assembleia de homens como representante das pessoas [...], todos submetendo assim suas vontades à vontade do representante, e suas decisões a sua decisão." (HOBBES apud RIBEIRO, 2001, p. 62).

Ainda nas palavras de Hobbes citado por Ribeiro (2001, p. 62):

> Isto é mais do que consentimento, ou discórdia, é uma verdadeira unidade de todos eles, numa só e mesma pessoa, realizada por um pacto de cada homem com todos os homens, de um modo que é como se cada homem dissesse a cada homem: Cedo e transfiro meu direito de governar-me a mim mesmo a este homem, ou a esta assembléia de homens, com a condição de transferires a ele teu direito, autorizando de maneira semelhante todas as suas ações. Feito isto, à multidão assim unida numa só pessoa se chama Estado.

Ribeiro (2001, p. 63) complementa a ideia observando que "se há governo, é justamente para que os homens possam conviver em paz: sem governo, já vimos, nós nos matamos uns aos outros." Dessa forma, vislumbra-se que um homem, na condição de integrante de uma sociedade, pode realizar a sua vontade, desde que através do respectivo aparato estatal ou por um meio permitido por tal Estado.

No Estado de Hobbes, é primordial o direito à vida. Não obstante, segundo Ribeiro (2001, p. 70-71):

> O soberano não está atado pelas leis humanas de justiça, por isso, de seu ponto de vista, não há diferença em ele castigar um culpado ou agredir um inocente. Já o súdito, se é súdito, é porque prometeu obedecer a fim de não morrer na guerra generalizada [...]. O que temos, em todos os casos, é o mesmo esquema: um governante que fere e, por isso, um súdito que recupera sua liberdade natural.

Da mesma forma, ao considerar liberdade e igualdade, Hobbes citado por Ribeiro (2001, p. 70) posiciona-se acerca de ponto tão delicado:

> Ninguém tem a liberdade de resistir à espada do Estado, em defesa de outrem, seja culpado ou inocente. Porque essa liberdade priva a soberania dos meios para proteger-nos, sendo portanto destrutiva da própria essência do Estado. Mas caso um grande número de homens em conjunto tenha já resistido injustamente ao poder soberano, ou tenha cometido algum crime capital, pelo qual cada um deles pode esperar a morte, terão eles a liberdade de se unirem e se ajudarem e defenderem uns aos outros? Certamente que a têm: porque se limitam a defender suas vidas, o que tanto o culpado como o inocente podem fazer.

Finalmente, ao refletir sobre valores e a convivência humana, Hobbes nos passa a ideia de que o contrato social é o meio encontrado pelos homens para alcançar paz e prosperidade (RIBEIRO, 2001).

2.1.2 *John Locke e o individualismo liberal*

As contribuições mais significativas de John Locke para a ciência política dizem respeito ao individualismo liberal e foram escritas no século XVII. Para o autor em tela, "a propriedade já existe no estado de natureza e, sendo uma instituição anterior à sociedade, é um direito natural do indivíduo que não pode ser violado pelo Estado. [...] O trabalho era o fundamento originário da propriedade."

(MELLO, 2001, p. 85). Ainda, para Locke, "todo o governo não possui outra finalidade além da conservação da propriedade." (MELLO, 2001, p. 87).

Como esclarece Mello (2001, p. 86):

> O contrato social de Locke em nada se assemelha ao contrato hobbesiano. Em Hobbes, os homens firmam entre si um pacto de submissão pelo qual, visando a preservação de suas vidas, transferem a um terceiro (homem ou assembléia) a força coercitiva da comunidade, trocando voluntariamente sua liberdade pela segurança do Estado-Leviatã.
>
> Em Locke, o contrato social é um pacto de consentimento em que os homens concordam livremente em formar a sociedade civil para preservar e consolidar ainda mais os direitos que possuíam originalmente no estado de natureza.

Tal individualismo liberal deveria ser seguido pelo governo civil, porque, nas palavras de Locke citado por Mello (2001, p. 96-97),

> O objetivo da sociedade civil consiste em evitar e remediar os inconvenientes do estado de natureza que resultam necessariamente de poder cada homem ser juiz em causa própria, estabelecendo-se uma autoridade conhecida para a qual todos os membros dessa sociedade podem apelar por qualquer dano que lhe causem ou controvérsia que possa surgir, e à qual todos os membros dessa sociedade terão de obedecer.

Não obstante, a referida política liberal teria o objetivo de garantir paz, segurança e bem-estar ao povo, tendo-se em vista que as leis "não devem ser destinadas a qualquer outro fim senão o bem do povo." (LOCKE apud MELLO, 2001, p. 101).

Nas palavras de Mello (2001, p. 87):

> O livre consentimento dos indivíduos para o estabelecimento da sociedade, o livre consentimento da comunidade para a formação do governo, a proteção dos direitos de propriedade pelo governo, o controle do executivo pelo legislativo e o controle do governo pela sociedade, são, para Locke, os principais fundamentos do estado civil.

Locke afirma que um governo que se omite em cumprir os fins a ele destinados, exercendo o poder para além do Direito, torna-se um governo tirano. Nesse prisma, o descumprimento de leis pelo governo caracteriza tirania. Quando isso ocorre, o povo tem o direito legítimo de resistir e de se defender da opressão (MELLO, 2001, p. 87).

Pelo exposto, Hobbes vê o homem como lobo do homem, um ser violento, que vive, por natureza, em guerra. Por isso, o contrato social seria condição para uma convivência pacífica e próspera (RIBEIRO, 2001). Diferentemente, Locke entende o homem como um ser detentor de direitos, justificando o contrato social como forma de autorizar o Estado a tutelá-los (MELLO, 2001).

2.1.3 *Montesquieu: sociedade e poder*

A obra de Montesquieu é conhecida, principalmente, em relação à teoria dos três poderes, verdadeira condição para o funcionamento do Estado de Direito, elaborada no século XVIII. Sinteticamente, esta teoria propõe a separação dos poderes executivo, legislativo e judiciário, bem como a independência entre eles. Da mesma forma, sugere a ideia de equivalência, ou seja, cada uma dessas três esferas deveria ser dotada de poderes iguais. Todavia, a separação total dos três poderes não seria necessária, nem tampouco aconselhável, pois a existência de boa harmonia entre os entes condicionaria o bom funcionamento do Estado de Direito (ALBUQUERQUE, 2001, p. 113 e 119).

Montesquieu define lei como "relações necessárias que derivam da natureza das coisas." Entretanto, o objeto de estudo do autor em tela "não são as leis que regem as relações entre os homens em geral, mas as leis positivas, isto é, as leis e instituições criadas pelos homens para reger as relações entre os homens." Desse modo, "Montesquieu tenta explicar as leis e instituições humanas, sua permanência e modificações, a partir de leis da ciência política." (ALBUQUERQUE, 2001, p. 115-116).

O autor ora tratado desenvolveu a sua obra como um cientista político. Escreveu, portanto, de forma imparcial. Assim, nessa mesma linha de pesquisa, ao elaborar a teoria dos três poderes, ponderou que "seria necessário que o funcionamento das instituições permitisse que o poder das forças sociais contrariasse e, portanto, moderasse o poder das demais" forças. Isso possibilitaria a estabilidade de um Estado de Direito, pois equilibraria a correlação entre as forças da respectiva sociedade. Desse modo, evidenciada a existência de instituições propriamente políticas, Montesquieu se concentrou no estudo do funcionamento de tais instituições (ALBUQUERQUE, 2001, p. 116 e 129).

Montesquieu citado por Albuquerque (2001, p. 127), ao definir a natureza dos governos, destacou que o governo republicano é "aquele em que todo o povo, ou apenas parte do povo, tem o poder soberano. [...] Quando, na república, o povo detém o poder soberano, isso é uma democracia. Quando o poder soberano está nas mãos de uma parte do povo, isto se chama aristocracia."

Para se entender ainda melhor uma república democrática, seguem outras palavras de Montesquieu citado por Albuquerque (2001, p. 145):

> O amor à pátria leva à bondade dos costumes, e a bondade dos costumes, ao amor à pátria. [...] O amor à república, numa democracia, é o amor à democracia; o amor à democracia é o amor à igualdade. [...] O amor à democracia é, ainda, o amor à frugalidade. Como, nela, cada um deve ter a mesma felicidade e os mesmos benefícios, desfrutar dos mesmos prazeres e construir as mesmas esperanças, isso só se pode atingir pela frugalidade geral.

Da mesma forma, Montesquieu citado por Albuquerque (2001, p. 161-162), escreve sobre a corrupção dos princípios democráticos:

> O princípio da democracia se corrompe, não só quando se perde o espírito de igualdade, mas também quando se assume o espírito de igualdade extrema, e cada um quer ser igual aos que escolheu para comandá-lo. Porque, nesse caso, o povo,

não podendo suportar o próprio poder em que confia, quer fazer tudo por si mesmo, deliberar em lugar do senado, executar em lugar dos magistrados e despojar todos os juízes.

Finalizando suas colocações acerca de princípios da democracia, atualmente típicas de um Estado Democrático de Direito, destaca Montesquieu citado por Albuquerque (2001, p. 174) que "A liberdade política num cidadão é aquela tranquilidade de espírito que provém da opinião que cada um tem de sua segurança; e para que se tenha essa liberdade, é preciso que o governo seja tal que um cidadão não possa temer outro cidadão."

Por fim, esta breve análise acerca das teorias de Hobbes, Locke e Montesquieu, pode-se constatar que tais pensadores, que viveram em épocas distintas, em contextos históricos diferentes, muito contribuíram para que atualmente se compreenda o funcionamento do próprio Estado Democrático de Direito. Por exemplo, há séculos demonstraram que, numa concepção simples e atual, a sociedade tem regras, as quais o Estado deve concretizar, através dos poderes independentes e harmônicos entre si.

2.2 Direito Penal e controle social

Analisadas as premissas de um Estado Democrático de Direito, rumo ao tema principal da presente pesquisa, é conveniente prosseguir com o estudo da relação entre Direito Penal e controle social.

Inicialmente, cumpre destacar que, para se proteger os bens jurídicos legalmente tutelados, é preciso que seja desencadeado nos indivíduos um complexo processo psicológico chamado motivação. Esta é conceituada, nas palavras de Thomae citado por Conde (2005, p. 17-18), como "todos aqueles processos imputáveis a um indivíduo ou a um grupo, que explicam a sua conduta ou a fazem compreensível." O Direito Penal, por sua vez, influencia fortemente a motivação humana, pois, regulando as relações dos indivíduos, coopera na formação da consciência destes. Por isso, explicando o processo de motivação do comportamento humano, Gimbernat citado por Conde (2005, p. 18) escreve que "a psicanálise precisamente subministra uma explicação e justificação do direito penal."

Considerando-se que a consciência ético-social também é influenciada pela religião e pela economia, entre outros fatores, deve-se observar que é o direito o fator que se diferencia e ressalta, em razão da possibilidade de sua imposição coativa. Ou seja, "a institucionalização da coação organizada é a característica fundamental do direito. O principal meio de coação jurídica é a pena, que serve para motivar comportamentos nos indivíduos." (CONDE, 2005, p. 19-20). Ainda, segue o mesmo autor, "A norma penal cumpre, portanto, essa função motivadora que ressaltamos no início, ameaçando com pena a realização de determinados comportamentos considerados pela autoridade de uma sociedade como indesejáveis."

Em princípio, a motivação da norma penal tem função de incidir sobre toda a comunidade; posteriormente, incide sobre o indivíduo. Assim, se a função motivadora da norma penal é o controle social, disciplinando a convivência humana, verifica-se que quando a comunidade e o indivíduo não possuírem a mesma motivação, naturalmente, surgirão conflitos. Logo, o controle social condiciona a convivência humana, inexistindo sociedade sem controle social. Como ensina Conde (2005, p. 22), "O controle social determina [...] os limites da liberdade humana na sociedade, constituindo, ao mesmo tempo, um instrumento de socialização de seus membros."

Nesse sentido, é imprescindível relacionar o Direito Penal com os demais meios de controle social, sob pena de se chegar a uma sociedade de escravos, restringindo-se o Direito Penal a um instrumento de terror. De acordo com Conde (2005, p. 23), "O direito penal só tem sentido se considerado como continuação de um conjunto de instituições públicas e privadas (família, escola, formação profissional etc.), cuja tarefa consiste igualmente em socializar e educar para convivência entre os indivíduos através da aprendizagem de determinadas pautas de comportamento."

Não obstante a colocação do referido autor, questiona-se novamente: será que (re)socialização e (re)educação é realmente incumbência do Direito Penal?

Por isso, sendo a norma penal, por si só, uma motivação ineficaz, deve ser obrigatoriamente respaldada por outros fatores sociais de motivação. Da mesma forma, a recíproca é verdadeira, pois os demais fatores de motivação social necessitam do respaldo da norma penal e de sua imposição coativa (CONDE, 2005).

Entretanto, adverte Conde (2005, p. 25):

> Às vezes, as normas sociais não só dão uma imagem deformada do direito penal mas também desenvolvem estratégias de neutralização ou de modificação das exigências contidas na norma penal. [...] Determinadas classes ou grupos sociais desenvolvem estratégias de contenção ou neutralização das normas penais, quando

estas podem afetar seus interesses de classes.

Destarte, interpretando-se Conde (2005), pode-se afirmar que o objetivo do Direito Penal não seria intimidar os cidadãos, mas garantir normas básicas para a convivência social pacífica e harmônica. No entanto, o conhecimento empírico evidencia o dilema de que o controle social, tal qual atualmente é institucionalizado pelo Estado, cumpre função seletiva e marginalizadora.

Portanto, a utilização do Direito Penal como mantenedor de uma ordem social injusta escancara a sua já citada deslegitimidade, a exemplo do que ocorre com os demais meios de controle social. Essa realidade implica, conforme Conde (2005, p. 29), em o indivíduo ser "devorado por essa máquina terrível que é o leviatã estatal." Concomitantemente com essa exclusão dos cidadãos por parte do Estado, nasce o fenômeno dos controles sociais. Estes são exercidos de forma totalmente equivocada, motivando indivíduos e grupos sociais a se comportarem de modo indesejado e, por isso, impulsionam a criminalidade.

Finalmente, em face do exposto acerca do Direito Penal e do controle social, assinala Conde (2005, p. 31):

> Transladadas estas ideias para o direito penal, isso significa a negação radical do mito do direito penal como direito igualitário, e, com ela, a ilegitimidade de todo intento de entender a pena como prevenção integradora do consenso social. Como a nova criminologia pôs em relevo, [...] o direito penal não protege por igual todos os bens relativos a que têm igual interesse todos os cidadãos; tampouco a lei penal é igual para todos, nem o status de

criminoso se aplica por igual a todos os sujeitos independentemente da danosidade social e da gravidade das infrações à lei penal por eles realizadas. Basta só recordar o distinto tratamento que recebem os delitos contra a propriedade e os delitos econômicos. A tese do direito penal como direito igualitário e da pena como prevenção integradora do consenso é insustentável como modelo de sociedade baseada na desigualdade e na exploração do homem pelo homem.

Diante disso, Conde (2005, p. 30) sentencia que "O direito e o Estado não são [...] expressão de um consenso geral de vontades, senão reflexo de um modo de produção e uma forma de proteção de interesses de classe, a dominante." Por isso, o Direito Penal não é direito igualitário; e a prevenção, através da pena, é ilegítima, por não ser consenso social. Ou seja, nesse prisma, é desconstruída a teoria contratualista de Hobbes e Locke.

2.3 Sistema penal e Estado Democrático de Direito

O estudo do sistema penal e do Estado Democrático de Direito é extremamente amplo e complexo. Para facilitar a compreensão da pena de prisão como tempo de vida num Estado com tal nuance política, convém enfocar os delitos, os direitos humanos e a sua relação com o princípio democrático. Segundo Copetti (2000, p. 51), "Qualquer abordagem do sistema e do saber penal que tenha uma mínima pretensão ética deve ser feita sob a ótica dos direitos humanos." Afinal, estes são condições mínimas para se atingir dignidade humana.

Para se entender o Estado Democrático de Direito, analisar-se-á a evolução do Estado Liberal de Direito, passando-se para o Estado Social de Direito, até chegar-se ao Estado Democrático de Direito, que surgiu após a Segunda Guerra Mundial. Desde já, "importa sempre rejeitar a ideia de Estado como um fim em si mesmo." (COPETTI, 2000, p. 51).

De acordo com Copetti, o Estado Liberal de Direito é caracterizado da seguinte maneira:

a) o Estado é entendido [...] com o afastamento das ideias transpessoais do Estado como instituição ou ordem divina, para se considerar apenas a existência de uma coisa pública destinada a satisfazer os intereses dos indivíduos, o que mais tarde revelou-se como sendo os interesses de uma determinada classe, a burguesia;
b) limitação dos fins e tarefas do Estado à garantia da liberdade e segurança da pessoa e da propriedade individual;
c) [...] reconhecimento dos direitos individuais, garantias dos direitos adquiridos, independência dos juízes, responsabilidade do governo, prevalência da representação política e participação desta no poder;
d) legalidade da administração.

Baseando-se nestes princípios, surge uma noção liberal de cidadania, individualista, restringida à proteção dos direitos dos indivíduos, sem intervenção do Estado na vida privada (COPETTI, 2000, p. 54).

O Estado Social de Direito, por sua vez, foi instituído pelo proletariado, a partir do momento em que este conquistou o sufrágio universal. Conforme a descrição de Copetti (2000, p. 54),

> Cede assim o Estado liberal-burguês às exigências dos trabalhadores. Entrega os anéis para não perder os dedos, vendo-se forçado a conferir, constitucionalmente, direitos do trabalho, da previdência, da educação, a ditar o salário, a manipular a moeda, a intervir na economia como distribuidor, a comprar a produção, regular preços, combater o desemprego, proteger o trabalhador, controlar as profissões, enfim, passa a intervir na dinâmica socioeconômica da sociedade civil.

Já em relação ao Estado Democrático de Direito, conforme Morais citado por Copetti (2000, p. 56-57), são atendidos os seguintes princípios: "constitucionalidade; democracia; sistema de direitos fundamentais; justiça social; igualdade, divisão de poderes; legalidade; segurança e certeza jurídica." A principal evolução do Estado Democrático de Direito é a incorporação ao ordenamento jurídico de princípios de direito natural que orientam o exercício dos poderes públicos. São exemplos disso, ainda segundo o referido autor, "o princípio da igualdade, o valor à pessoa humana, os direitos civis e políticos e, também, todas as demais garantias penais e processuais de liberdade e de certeza."

Nesse sentido, escreve Copetti (2000, p. 57):

> Sob o aspecto da legitimação, o fundamento político ou externo do Estado Democrático de Direito baseia-se na sua função de

> garantia dos direitos fundamentais mediante a sanção de anulabilidade dos atos inválidos: das leis por violação das normas constitucionais; de outros atos administrativos e decisões judiciais, por violação das leis constitucionalmente válidas. [...] O Estado Democrático de Direito, ao lado do núcleo liberal agregado à questão social, tem como questão fundamental a incorporação efetiva da questão da igualdade como um conteúdo próprio a ser buscado garantir através do asseguramento mínimo de condições de vida ao cidadão e à comunidade.

Exemplo de garantia neste modelo de Estado, é a Convenção Interamericana sobre Direitos Humanos e Justiça Penal, de 1980. Considera o homem como pessoa em posição prioritária como titular da tutela jurídica. Não obstante, neste mesmo Estado Democrático de Direito, "Encontra-se em curso um processo de crescimento da criminalidade urbana violenta que, sem dúvida alguma, está relacionada com o aumento da desigualdade social e do contingente de cidadãos excluídos de todos os direitos e garantias do Estado Democrático de Direito." (COPETTI, 2000, p. 59).

Analisando essa crise no modelo de Estado ora estudado, observa e conclui Copetti (2000, p. 60):

> Algumas situações são repetitivas: as classes altas, atendidas em todas as suas necessidades, são vítimas das ações delituosas, especialmente contra o patrimônio, perpetradas pelos membros das classes baixas; estes, por sua vez, excluídos do acesso aos direitos mais elementares necessários a uma existência digna,

> moradores de favelas ou habitações coletivas, lutam entre si, numa espécie de guerra civil não declarada, e, em não raros momentos, protagonizam uma espécie de favelização dos bairros mais pobres de nossas cidades, numa reação aos que sempre os espoliaram e os escravizaram. [...].
>
> Sempre teremos um grupo impondo suas decisões aos demais. Se essa imposição hegemônica fosse realizada respeitando-se os direitos fundamentais previstos constitucionalmente, não restaria afetado o Estado Democrático de Direito, mas o que passa em nossa realidade brasileira é algo bem diverso.

Ocorre, assim, o exercício do controle social de forma seletiva e discriminatória. Algo que já é inerente à cultura latino-americana, herança de uma geração para a outra. Provavelmente, esse equívoco é cometido pela maior parte da sociedade até mesmo inconscientemente. Como descreve Copetti (2000, p. 61-62),

> O padrão do delinquente está associado à imagem das classes mais pobres e da criminalidade convencional, evitando-se, estrategicamente, a ocultação dos crimes de colarinho branco, dos crimes fiscais, dos crimes contra a administração pública, etc. [...]
>
> Vemos, assim, que a máquina de controle penal opera seletivamente, de forma a não atingir os setores privilegiados que a montam, a controlam, ou são úteis aos seus objetivos. [...]

É sobre este estereótipo que recai majoritariamente a violência policial, representando, em certa medida, uma política deliberada de controle social organizada pelo Estado.

Como se vê, "A violência do sistema penal viola os mais elementares princípios constitucionais de garantia, notadamente o respeito à vida e à igualdade dos cidadãos, ao dirigir-se intencionalmente aos 'não cidadãos'." (COPETTI, 2000, p. 63). Desse modo, constata-se a não efetivação do Estado Democrático de Direito, especialmente em relação à atuação estatal no sistema penal.

Ainda, a política neoliberal vigente, diretamente responsável pela precariedade dos meios de controle social, deslegitima os direitos e as garantias individuais e coletivas, uma vez que considera ser o mercado o critério de regulação social. Como resultado disso, nas palavras de Copetti (2000, p. 71), "Assistimos a uma crise da positividade do Direito Penal que cada vez mais afasta nosso modelo estatal" do padrão de Estado Democrático de Direito.

Vive-se num Estado arbitrário. E, nesta situação absurda, o "mais significativo é o aumento da criminalidade, que se processa paralelamente à incapacidade estatal de combater as atividades criminosas." (COPETTI, 2000, p. 71). Consequentemente, cresce a perda de segurança dos cidadãos em relação à atividade do Estado.

Diante deste paradoxo, Copetti (2000, p. 77-79) sintetiza o assunto com uma pergunta e uma reposta:

> Como deverá ser um direito penal inserido dentro de um paradigma de Estado Democrático de Direito, no qual as liberdades sejam amplamente garantidas,

> mas também as pretensões materiais satisfeitas, como forma de realização da dignidade e cidadania dos brasileiros?
>
> Temos na Constituição Federal as formalidades ou a forma do projeto de Estado Democrático de Direito pretendido. [...] A Constituição Federal de 1988, sem dúvida alguma, contém um projeto com objetivos voltados a um processo de transformação do Estado e da sociedade brasileira, e isso exige [...] a sujeição [...] ao princípio da soberania do povo e dos direitos fundamentais, [...] e ao da realização da chamada democracia econômica, social e cultural como objetivo da democracia política.

Além do mais, como lembra Copetti (2000, p. 79), "Todo o projeto político da modernidade, pelo menos em tese, está fundamentado na realização dos direitos humanos, sendo este o paradigma ideal de justiça política que se pretende." Deve-se buscar a realização dos direitos socais, bem como de uma "justiça voltada para a concretização dos direitos humanos, não só das vítimas do sistema penal, mas também das vítimas das ações delituosas." (COPETTI, 2000, p. 81).

Finalmente, após o estudo do Direito Penal e do controle social, bem como do sistema penal e do Estado Democrático de Direito, relacionando-se tais pontos, pode-se afirmar que, num Estado Democrático de Direito, o Direito Penal e a pena deveriam ser formas de controle social. Entretanto, na realidade, em razão da omissão dos demais meios, o controle social acaba sendo incumbido quase que exclusivamente ao Direito Penal e à pena, que, consequentemente, mostram-se ineficazes.

Em suma, o exposto implica a "reconsideração da própria noção de democracia." (COPETTI, 2000, p. 82).

3 A PENA DE PRISÃO COMO TEMPO DE VIDA EM UM ESTADO DEMOCRÁTICO DE DIREITO

3.1 Garantismo

Como estudado, a realidade da pena de prisão brasileira não condiz com um Estado Democrático de Direito. Isso é evidenciado por vários fatos e teorias, entre estas a garantista. Por isso, é essencial o estudo do Garantismo, que sugere um caminho para a superação dos problemas do sistema penal, bem como para a efetivação da democracia num Estado de Direito.

O Direito não pode ser restrito às garantias, mas a existência de direitos está relacionada às garantias. "O garantismo é um modelo de direito construído a partir da concepção de submissão de todos à lei constitucional", conforme Thums (2006, p. 277-278). Este mesmo autor defende que o Garantismo significa a proteção dos direitos fundamentais, a ciência de que a pena somente pode ser aplicada pelo Estado, através de um processo justo, baseado em garantias. Evita-se a justiça privada.

De acordo com Carvalho citado por Thums (2006, p. 278), o modelo garantista "recupera a funcionalidade da pena na restrição e imposição de limites ao arbítrio sancionatório judicial e administrativo. Para sublimar os efeitos incongruentes das teorias da pena, o modelo garantista estrutura-se no argumento da pena mínima necessária." Por isso, o Garantismo se difere do Direito Penal tradicional, pois este entende que a pena tem o objetivo de prevenir futuros crimes, como forma de defesa da sociedade (THUMS, 2006, p. 278).

Sintetizando essa ideia do Garantismo, observa Ferrajoli citado por Thums (2006, p. 279), "Para o Direito Penal, há uma submissão da lei penal à lei fundamental." Nesse sentido, segue Thums (2006, p. 279):

> A crítica que é feita ao garantismo no campo da efetividade da prestação jurisdicional reside em conciliar eficiência e o respeito ao sistema de garantias. Ferrajoli tem a resposta, ao apregoar que as expressões "garantias" e "eficiência" tendem a se confundir, na medida em que devem traduzir a menor intervenção penal possível e a máxima realização da proteção dos direitos fundamentais. Não é pela punição a um maior número de pessoas, muitas vezes por infrações ridículas e injustas, que se pode dizer que a justiça é eficiente. [...]
>
> Os poucos "escolhidos" pelos órgãos de repressão para serem submetidos ao processo penal, num universo de criminosos, devem ter o direito a um processo justo, inspirado num modelo acusatório, informado pelo sistema garantista. Não sendo assim, a razão de ser do processo penal ficará ainda mais diminuída, porquanto mostra-se absolutamente ineficiente na persecução penal diante do número de crimes praticados.

Para fundamentar a teoria garantista, Ferrajoli citado por Rosa (2006, p. 86) sugeriu quatro fontes do Garantismo, as quais explicam este pensamento:

A primeira está vinculada à revisão da teoria da validade, a qual busca estabelecer uma diferenciação entre validade/material e vigência/formal das normas jurídicas. A segunda pretende o reconhecimento da dimensão substancial da democracia, superando a visão meramente formal. Na terceira, partindo do ponto de vista do Juiz, aponta uma nova maneira de ver a sujeição à lei, não mais exclusivamente por seu aspecto formal do emissor, senão por seu conteúdo normativo, o qual também deverá estar de acordo com o Texto Maior, tanto no que se refere aos princiípios (explícitos ou implícitos) quanto em relação a regras, agregando, ademais, os direitos humanos aderidos pelo art. 5º, §2º, da Constituição da República de 1988.

Dessa forma, constata-se que o Garantismo busca a legitimação do Estado Democrático de Direito, que tem garantias. Nesse prisma, a teoria garantista prega a própria efetivação da democracia em nosso modelo estatal, especialmente em relação ao respeito à dignidade da pessoa humana e seus direitos fundamentais (ROSA, 2006).

Para se compreender ainda melhor o sistema garantista, convém conceituar direitos fundamentais. Estes, segundo Ferrajoli citado por Rosa (2006, p. 88), são "todos os direitos subjetivos que correspondam universalmente a todos os seres humanos enquanto dotados de status de pessoa, de cidadãos ou pessoas com capacidade de fato." Ademais, acrescenta Rosa (2006, p. 88): "O diferencial desta formulação é justamente o fato de que mesmo que não estejam declarados por normas jurídicas, são válidos como formulação teórica [...]. Além disso, os Direitos Fundamentais possuem como característica a inalienabilidade e indisponibilidade dos interesses que tutelam [...], quer por setores privados, [...] quer pelo Poder Público."

Rosa (2006, p. 89 e 91), por sua vez, também define direitos fundamentais:

> Os Direitos Fundamentais se constituem em expectativas negativas ou positivas, as quais correspondem obrigações de prestação ou proibição de lesão – garantias primárias. A reparação ou sancionamento judicial constituem garantias secundárias, decorrentes da violação das garantias primárias. A inexistência de garantias para efetivação dos direitos, em suma, leva a uma lacuna que torna os direitos declarados inobservados [...].
>
> Esses Direitos Fundamentais, longe de românticas declarações de atuação do Estado, representam o substrato da democracia material-constitucional. Significam a extensão de liberdades e de direitos em sentidos opostos, mas direcionados [...] à realização das promessas constitucionais. Seriam válidos em qualquer filosofia política ou jurídica, vinculando os poderes pelo princípio [...] da legalidade.

Compreende-se, o respeito e a efetivação dos direitos fundamentais são condições para a legitimação dos Estados (ROSA, 2006, p. 91). Ainda, "Seguindo a proposta de Ferrajoli, há de se reconhecer o sentido e o papel dos Direitos Fundamentais na dimensão substancial da democracia." (FERRAJOLI apud ROSA, 2006, p. 90).

De acordo com Rosa (2006, p. 121), ao idealizar um modelo de sistema penal garantista, Ferrajoli indica onze axiomas necessários para legitimar o sistema penal e sua sanção, sendo eles "pena, delito, lei, necessidade, ofensa, ação, culpabilidade, jurisdição, acusação, prova e defesa. A ausência de um deles torna a resposta estatal, lida a partir do Garantismo, ilegítima, constituindo [...] condição de responsabilidade penal."

Tais axiomas originam, respectivamente:

>1) princípio da retributividade ou da consequencialidade da pena em relação ao delito;
>
>2) princípio da legalidade, no sentido lato ou no sentido estrito;
>
>3) princípio da necessidade ou da economia do Direito Penal;
>
>4) princípio da lesividade ou da ofensividade do evento;
>
>5) princípio da materialidade ou da exterioridade da ação;
>
>6) princípio da culpabilidade ou da responsabilidade pessoal;
>
>7) princípio da jurisdicionariedade, também no sentido lato e no sentido estrito;
>
>8) princípio acusatório ou da separação entre juiz e acusação;
>
>9) princípio do ônus da prova ou da verificação;
>
>10) princípio do contraditório ou da defesa, ou da falseabilidade.

Planejando a superação dos conflitos do sistema penal, Ferrajoli citado por Rosa (2006, p. 85) pensa que "independentemente do nosso otimismo ou pessimismo, à crise do direito não existe outra resposta que o direito mesmo." O referido autor exige, com isso, o estabelecimento de regras válidas de acordo com as Cartas Internacionais de Direitos Humanos (Rosa, 2006).

Nesse sentido, de acordo com Rosa (2006, p. 128), Ferrajoli ainda aponta para a construção de um Direito Penal mínimo, sustentando:

> A história das penas é, sem dúvida, mais horrenda e infamante para a humanidade do que a própria história dos delitos: porque mais cruéis e talvez mais numerosas do que as violências produzidas pelos delitos têm sido as produzidas pelas penas e porque, enquanto o delito costuma ser uma violência ocasional e às vezes impulsiva e necessária, a violência imposta por meio da pena é sempre programada, consciente, organizada por muitos contra um. Frente à artificial função de defesa social, não é arriscado afirmar que o conjunto das penas cominadas na história tem produzido ao gênero humano um custo de sangue, de vidas e padecimentos incomparavelmente superior ao produzido pela soma de todos os delitos.

Por isso, escreve Rosa (2006, p. 129), "somente nos casos em que os 'efeitos lesivos' das condutas praticadas possam justificar os custos das penas e proibições, as sanções estariam autorizadas." Complementando este diálogo, sentencia Ferrajoli, citado por Rosa (2006, p. 129):

> Se o direito penal responde somente ao objetivo de tutelar os cidadãos e de minimizar a violência, as únicas proibições penais justificadas por sua 'absoluta necessidade' são, por sua vez, as proibições mínimas necessárias, isto é, as estabelecidas para impedir condutas lesivas que, acrescentadas à reação informal que comportam, suporiam uma maior violência e uma mais grave lesão de direitos do que as geradas institucionalmente pelo direito penal.

Embora se esteja enfocando o Garantismo em relação ao Direito Penal, é interessante também destacar a importância desta teoria para o processo penal, pois ambas as matérias se complementam. Segundo Thums (2006, p. 277),

> No atual Estado Democrático de Direito as áreas do direito material e processual penal se interpenetram. Esta situação está a exigir do julgador um conhecimento profundo sobre a forma de proceder (procedimento garantista), bem como implica a aplicação das regras do garantismo na interpretação das condutas criminosas.

Rosa (2006, p. 295), da mesma forma, ao defender a constitucionalização do processo penal, indica modificações procedimentais que se fazem necessárias:

> a) direito de defesa técnica com tempo e meios adequados; b) direito à presunção de inocência e liberdade como regra; c) direito de recorrer, em liberdade, mesmo sem se recolher à prisão; d) direito a juiz competente; e) direito a ampla defesa, com intimação para todos os atos processuais; f)

direito ao silêncio de não se incriminar; g) vedação da *reformatio in pejus;* h) vedação do uso de provas ilícitas, salvo em benefício da defesa; i) direito à publicidade do processo em sua relação; j) proibição da *non bis in idem* processual; l) direito da jurisdicionalização da Execução da pena.

Finalizando esta relação, observa Thums (2006, p. 278):

> Ao modelo de Direito Penal mínimo, concebido a partir de um sistema de garantias materiais ou substanciais, corresponde um modelo de Direito Processual Penal garantista, igualmente estruturado a partir de um sistema de garantias instrumentais. Por isso que a construção do arquétipo garantista de Direito Penal parte de um rompimento com a tradição penal que vê na pena o objetivo de prevenir futuros crimes, como forma de defesa social. Este modelo defensivista pune o delinquente porque ele é "mau", encontrando na pena uma forma de "tratamento", com o objetivo de ser recuperado.

Após este breve estudo sobre o Garantismo, abordar-se-á o princípio da legalidade, a fim de complementar a compreensão acerca da teoria garantista.

3.1.1 *Princípio da legalidade*

Para iniciar o ponto ora tratado, nada melhor do que as palavras de Thums (2006, p. 114-115):

O Estado Democrático de Direito caracteriza-se pela submissão de todos à lei, inclusive dos órgãos estatais, que têm suas atividades delimitadas pela Constituição e leis infraconstitucionais. Assim, um dos postulados básicos é o princípio da legalidade, que traça os limites de atuação do poder público na sua relação com as pessoas, impedindo a prática de arbitrariedades. A garantia que tem o cidadão, diante do princípio da legalidade, é de que ao Estado só é permitido fazer o que a lei autoriza e o cidadão pode fazer tudo que a lei não proíbe.

Adaptando o princípio da legalidade à matéria penal, Ferrajoli diferencia a mera legalidade da estrita legalidade, conforme explica Thums (2006, p. 115):

> Para o princípio da mera legalidade, dentro da estrutura normativa do sistema legal, qualquer que seja o conteúdo da norma penal, a vigência e a validade estão adstritas apnas aos aspectos formais. Já para o sistema da estrita legalidade, a validade das leis depende de sua conformação com as garantias e princípios constitucionais, que levam em conta o aspecto substancial das normas, ou seja, o seu conteúdo. [...] Assim, no princípio da mera legalidade a lei é condicionante, enquanto no princípio da legalidade estrita a lei é condicionada.

Ainda, relacionando Estado, democracia, Direito, conclui Thums (2006, p. 116): "As Constituições dos modernos Estados Democráticos de Direito exigem a observação da legalidade estrita, isto é, a conformação do processo ao sistema de garantias, onde o poder estatal de punir encontra regras e limites."

Igualmente opinando sobre o presente ponto, enfatiza Rosa (2006, p. 87) que "Esta limitação do Poder Estatal não se restringe ao Poder Executivo [...], mas vincula as demais funções estatais, principalmente o Poder Legislativo. [...] Em outras palavras, nem mesmo por maioria se pode violar/negar os Direitos Fundamentais do indivíduos."

Como resultado deste princípio, o Direito Penal seria regulamentado de forma que o processo não fosse mero rito preparatório da pena, mas sim que realmente influenciasse no resultado final da instrução." (ROSA, 2006, p. 126).

Nesse sentido, o princípio da legalidade, sob visão garantista, contraria o subjetivismo, não aprovando, por exemplo, a reincidência ser causa de aumento da pena. Como aponta Rosa (2006, p. 127), é lamentável que "importa mais o passado dos agentes – seus antecedentes – do que qualquer conduta empiricamente comprovável."

3.1.2 Direito Penal mínimo e máximo

Juntamente com o Garantismo e o princípio da legalidade, a breve compreensão de Direito Penal mínimo e máximo auxilia no entendimento do sistema penal, da pena de prisão, sua função e necessidade, o que permite pensar o tempo da pena de prisão num Estado Democrático de Direito.

Segundo a ideia de Rosa (2006, p. 123-124), para o Direito Penal máximo, assume-se o risco de punir inocentes, na perspectiva de punir todos os culpados. Diferentemente, para o Direito Penal mínimo, é preferível que algum culpado fique impune, afastando-se a possibilidade de punir inocentes. Embasando esse ponto de vista, escreve Rosa (2006, p. 124):

> A culpa, e não a inocência, deve ser demonstrada, e é a prova da culpa – em vez da de inocência, presumida desde o início – que forma o objeto do juízo. Esse princípio fundamental de civilidade representa o fruto de uma opção garantista a favor da tutela da impunidade dos inocentes, ainda que ao custo da impunidade de algum culpado.

As garantias penais são essenciais para o entendimento do modelo penal mínimo. Nesse sentido, Ferrajoli citado por Rosa (2006, p. 123) aponta

> as dez condições, limites ou proibições que identificamos como garantias do cidadão contra o arbítrio ou o erro penal. Segundo este modelo, não se admite qualquer imposição de pena sem que se produzam a comissão de um delito, sua previsão legal como delito, a necessidade de sua proibição e punição, seus efeitos lesivos para terceiros, o caráter externo ou material da ação criminosa, a imputabilidade e a culpabilidade do seu autor e, além disso, sua prova empírica produzida por uma acusação perante um juiz imparcial, em um processo público e contraditório em face da defesa e mediante procedimentos legalmente preestabelecidos.

Logo, observando-se tais condições e contrapondo-as a um determinado sistema penal, pode-se identificar o grau de Garantismo desse sistema e sua relação com a pena.

Caracterizando o Direito Penal mínimo, simultaneamente contrapondo-o ao máximo, Rosa (2006, p. 125) continua: "É afastada qualquer justificação, retributiva ou preventiva, da medida, conforme explicita o Garantismo Jurídico [...]. Esta teoria [...] imputa ao direito penal a finalidade de redução das violências praticadas pelo Estado."

Outro ponto interessante, defendido pelo modelo penal mínimo e pelo Garantismo, é a função da penalidade aplicada. A primeira função da sanção seria impedir a vingança privada, enquanto a segunda limitaria o poder estatal para que a pena não fosse arbitrária e respeitasse os direitos fundamentais. Não haveria, ressalta-se, nenhuma retribuição ou prevenção, fosse geral ou específica (ROSA, 2006, p. 125).

3.2 Considerações sobre o tempo

Reflexões gerais acerca do tempo do Direito, combinadas com o exposto sobre a pena de prisão e o Estado Democrático de Direito, permitem que o presente capítulo seja melhor entendido. Por isso, enfocando-se o tempo da ciência jurídica, convém citar as palavras de Thums (2006, p. 1):

> O tempo afeta o Direito, porque a sociedade somente existe no tempo presente. Para o Direito, o tempo provoca a prescrição do crime, define a vigência da lei, constitui a imputabilidade do réu, extingue a punibilidade, define o momento do crime, etc. O tempo determina a ordem dos atos processuais, o prazo para sua realização, a preclusão, fragiliza a persuasão do julgador; provoca descrédito no Judiciário pela demora da resposta ao crime. O tempo

diminui gradativamente os registros da consciência sobre os fatos no campo da prova, em especial das testemunhas, que ainda constituem a mais importante prova, lamentavelmente.

O tempo também é usado para punir, porque o réu é condenado para "pagar" com o tempo sua privação de liberdade e resgatar a dívida com a sociedade que agrediu com a conduta criminosa.

O Garantismo e o Direito Penal mínimo também guardam uma estreita relação com o tempo, pois um Estado Democrático de Direito requer um sistema confiável. E esta confiança não decorre de rapidez, que seguidamente leva a condenações injustas, mas depende do respeito à dignidade da pessoa humana, mesmo que, para tanto, o sistema seja lento.

No entanto, respondendo-se aos apelos da sociedade nos momentos de crise, o Poder Legislativo tenta apressar o sistema processual, prolonga as penas e, assim, desrespeita a Constituição. Ademais, a pressa leva ao erro judiciário que, nos casos de condenação, torna o Direito fracassado (THUMS, 2006, p. 2-3). Dessa forma, evidencia-se que as medidas estabelecidas pelo geralmente são inapropriadas.

Além disso, o Direito não acompanha a evolução das relações sociais. Prova disso, o sistema penal não se desenvolve juntamente com a tecnologia e com o conhecimento humano (THUMS, 2006, p. 3), descartando-se possibilidades de se atingir os objetivos do Direito de forma mais rápida e apropriada ao nosso modelo de Estado.

E se quando não se faz justiça em prazo razoável, desrespeitando-se os preceitos constitucionais, o Direito perde a sua razão de ser, pode-se afirmar a falência do Direito penal como forma de controle social (THUMS, 2006, p. 4).

No sistema penal brasileiro, com a "sentença o réu acaba sendo condenado a 'sofrer no tempo' o castigo pelo crime. Portanto, deve 'matar tempo' na prisão. Este tempo da prisão 'paga a pena' do condenado com a sociedade." (THUMS, 2006, p. 5). Portanto, utiliza-se o tempo para castigar. Continua Thums (2006, p. 5), "Quanto mais grave o crime, maior é o tempo em que o condenado deve perder a liberdade."

Thums (2006, p. 5) ainda opina:

> O tempo na prisão é um tempo perdido, além de "passar" lentamente, enquanto o tempo fora da prisão é acelerado. No processo moderno de racionalização a característica principal é a associação do "tempo do ócio" com o mal, a "vagaundagem", em oposição à valorização do "tempo útil" [...].
>
> A forma de utilização do tempo no cárcere é preocupação também dos antropólogos, cujos estudos auxiliam ca compreensão desta complexa instituição, na medida em que consideram o tempo de prisão um tempo morto. Alia-se a isso a peculiaridade das penitenciárias brasileiras, que nada mais são do que "depósitos de seres humanos" em degradação e perda da própria dignidade humana.

O tempo de prisão é dos apenados. Estes sofrem duplamente: com o espaço miserável, violento e desumano das penitenciárias, bem como com a privação do seu próprio tempo. Diante disso, fica ainda mais complexa a relação entre o tempo da pena fixado com base na gravidade do delito. Como medi-lo, eis a questão. A propósito, o poeta Jorge Luis Borges citado por Thums (2006, p. 6) reflete a incapacidade humana de bem compreender a subjetividade do tempo: "O tempo perguntou ao tempo: Quanto tempo o tempo tem? O tempo respondeu ao tempo: tenho tanto tempo quanto tempo o tempo tem."

A teoria da relatividade de Einstein provou que o tempo é relativo e que pode variar conforme o espaço. Por exemplo, a velocidade do tempo é diferente nas férias, nas festas natalinas e nos finais de ano, quando se acelera o ritmo da vida (THUMS, 2006, p. 9 e 26).

Assim, se consideradas as prerrogativas garantistas de respeito aos direitos fundamentais, afasta-se a maior duração das penas como solução para o controle social, pois o caminho com respeito às garantias constitucionais não seria o aumento do tempo, mas, por exemplo, a qualificação do espaço da pena.

De acordo com Thums (2006, p. 26-27), um dos pontos em que as penas podem evoluir é justamente o seu tempo:

> Resta evidente que na área das ciências jurídicas tanto o Direito Penal quanto o Direito Processual Penal necessitam rever vários conceitos e princípios, bem como redirecionar seus objetivos, tendo em conta os aspectos do tempo social. É com o uso da tecnologia que será possível compreender-se melhor o tempo e a velocidade com que as coisas são movidas no mundo a fim de que o processo penal possa desenvolver melhor seu papel social na pacificação dos conflitos, bem como ter maior prestígio na ciência social.

François Ost propõe quatro categorias normativas e temporais que devem ser integradas a fim de não gerar violência nem destemporalização: de um lado a memória e o perdão (o passado); de outro lado, a promessa e o requestionamento (o futuro). Estas categorias interligadas pelo Direito com a função de ligar e desligar o tempo são fundamentais para a paz social.

Descartando a possibilidade de se optar pela celeridade, quando há desrespeito aos direitos fundamentais, Thums (2006, p. 31) pondera que "A excessiva demora na solução da lide penal representa sofrimento ao acusado e descrédito da justiça perante a sociedade. Por maior que seja a complexidade do caso, deve haver um prazo para o seu encerramento. É uma questão de razoabilidade."

Embora essa afirmação se refira ao processo penal, pode-se transportar a sua lógica para o cumprimento da pena, pois quanto maior a duração desta, mais se viola os direitos fundamentais dos apenados. Isso torna a pena desacreditada pela ciência jurídica, que pede tanto a sua celeridade quanto a sua qualificação, para que não se viole a dignidade da pessoa humana.

Os princípios de um Estado Democrático de Direito apontam, de modo geral, para a redução do tempo da pena, qualificando-se o espaço desta. Além disso, muitas vezes, veda-se a aplicação de penas, a exemplo do que ocorre com as prisões provisórias nos casos de crimes de médio potencial ofensivo, pois a pena cominada estabelece regime aberto ou prevê penas alternativas. Ou seja, "Não se pode admitir qualquer espécie de prisão provisória em crimes cuja condenação não acarreta pena privativa de liberdade." (THUMS, 2006, p. 33).

Geralmente, os autores tratam do tempo do processo penal, criticando a incapacidade do Poder Judiciário de dar respostas efetivas e em prazo razoável às questões que lhe são submetidas. Entretanto, raramente se questiona o tempo da pena, mesmo que o sistema penal democrático, através da pena, também tenha que responder de forma efetiva e em prazo razoável, não se privando dos apenados mais tempo e vida do que o necessário para atingir os fins a que a pena se propõe.

Diante dessa constatação da irracionalidade da pena e da falência do sistema penal, Thums (2006, p. 35) sugere a substituição do ócio pelo exercício de atividades:

> Embora o tempo transcorra igualmente em qualquer parte do mundo, para algumas pessoas não há tempo para nada, enquanto para outros o tempo não passa. Quem fica contemplando o tempo tem a impressão de que ele custa transcorrer, enquanto aquele que exerce inúmeras atividades e vive a vida com mais intensidade não percebe o tempo passar, falta-lhe tempo.

Relacionando tempo, prescrição e a seletividade do atual sistema brasileiro, Thums (2006, p. 41) sentencia:

> Outro aspecto a ser enfocado é o interesse político do legislador no critério de fixação da pena abstrata no tipo. Alguns crimes têm a pena mínima extremamente baixa, facilitando a prescrição da execução da pena. Exemplos disso são os crimes de abuso de autoridade, cuja lei foi editada em pleno regime militar (Lei n° 4.898 de 9.12.1965) e comina pena privativa de liberdade de 10 dias a 6 meses ou multa. O

mesmo pode ser observado com os crimes de imprensa (Lei n° 5.250/67), nos quais a prescrição da execução ocorre no dobro do prazo da pena fixada na sentença condenatória. Assim, a condenação a um mês de detenção prescreverá em dois meses. Nesses processos ganhar tempo é a tônica da defesa que, através de mecanismos legais, consegue explorar o fluxo do tempo a favor do réu, principalmente quando o "Estado" tem pouco interesse na punição de determinados infratores. O tempo é utilizado pelo sistema para "proteger" ou "perseguir" determinado indivíduo.

Ainda, arremata Thums (2006, p. 41): "Conforme a "clientela" do crime, o legislador estabelece penas mínimas bem baixas (crimes cometidos pela classe mais privilegiada) ou mais altas (crimes típicos da patuléia)."

Enfim, Thums (2006, p. 57) salienta que não há lógica entre o Direito e a tecnologia:

> De um lado, tem-se um Direito Penal retrógrado, ultrapassado, ainda preocupado com delitos insignificantes, ou extremamente rigoroso com a edição cada vez maior de leis elevando as penas dos "crimes do momento". Erigem-se à categoria de crime condutas que deveriam refletir apenas ilícitos civis, traduzindo uma política conhecida como "lei e ordem" aliada ao movimento da "tolerância zero" e à concepção de controle social apenas pelo Direito Penal. Predomina a tendência de

transformar a maior parte das condutas ilícitas em crime (direito penal máximo). [...] De outro lado, tem-se um sistema processual ainda mais ultrapassado. Tudo isso colabora para o atraso e o descrédito do sistema penal como um todo.

Como se denota, o descrédito e a falência do sistema penal decorrem diretamente de sua desatualização em relação às relações sociais, sendo que o aprimoramento do tempo das penas é condição para um sistema ideal, que atenda aos preceitos de um Estado Democrático de Direito.

3.2.1 A medida fixada pelo juiz

Sob a ótica garantista, a medida estabelecida pelo juiz, quando julga o acusado e não a sua conduta, fundamentando a sua decisão de forma extremamente subjetiva, pode ser considerada absolutamente inconstitucional. Por exemplo, "as 'circunstâncias judiciais' previstas no art. 59, do Código Penal, *culpabilidade, antecedentes, conduta social, personalidade do agente, motivos e as circunstâncias e consequências do crime*" fazem o julgamento ser da pessoa do acusado, e não da sua conduta (ROSA, 2006, p. 345-346).

Além disso, "no momento da sentença penal condenatória, o sistema revela toda sua perversidade ao admitir o emprego de elementos essencialmente morais, desprovidos de significado com averiguação probatória", de acordo com Carvalho citado por Rosa (2006, p. 346). Seguindo esse mesmo raciocínio, defendendo a inconstitucionalidade do subjetivismo que afronta os direitos fundamentais, Suannes citado por Rosa (2006, p. 348) assinala:

> Tais considerações [da Escola Positivista] são absolutamente incompatíveis com o pensamento da Criminologia contemporânea, que não mais vê na pena propósitos reeducacionais ou recuperadores, mas tão-somente aquilo que, na prática, ela realmente é: uma retribuição por aquilo que se fez. Faz, pagou. Caso encerrado. Censurável eticamente esse bis in idem.

Carvalho citado por Rosa (206, p. 349), por sua vez, não admitindo a valoração negativa da personalidade em sistema penal democrático, sentencia que alegações do tipo "voltada para a prática delitiva" não deveriam acontecer. Sustenta, ainda, que "juízes não têm habilitação técnica para proferir juízos de natureza antropológica, psicológica ou psiquiátrica, não dispondo o processo judicial de elementos hábeis (condições mínimas) para o julgador proferir 'diagnósticos' desta natureza."

Igualmente criticando o subjetivismo das decisões dos juízes, especialmente quando relacionado aos motivos, circunstâncias e consequências do crime, bem como ao comportamento da vítima, Baptista citado por Rosa (2006, p. 353) se manifesta:

> As circunstâncias judiciais da conduta social e personalidade, previstas no art. 59, do CP, só podem ser consideradas para beneficiar o acusado e não para lhe agravar mais a pena. A punição deve levar em conta somente as circunstâncias e consequências do crime. E excepcionalmente minorando-a face a boa conduta e/ou a boa personalidade do agente. Tal posição decorre da garantia constitucional da

> liberdade, prevista no art 5° da Constituição Federal. Se assegurado ao cidadão apresentar qualquer comportamento (liberdade individual), só responderá por ele se sua conduta (lato sensu) for ilícita. Ou seja, ainda que sua personalidade ou conduta social não se enquadrre no pensamento médio da sociedade em que vive (mas seus atos são legais) elas não podem ser utilizadas para aumentar sua pena, prejudicando-o.

Ainda pensando a medida fixada pelo juiz, é importante a colocação de Rosa (2006, p. 354) acerca da reincidência, que defende ser inconstitucional:

> A reincidência (CP, arts. 63-64) serve para de mãos dadas com a análise da personalidade do agente, fixar a pena necessária para sua recuperação, com franca influência da 'Escola Positiva', e fundamentada na periculosidade, violando escancaradamente o princípio do 'non bis in iem' e da 'intangibilidade da coisa julgada', [...] desconsiderando-se que a pena anterior foi cumprida e há coisa julgada.

Da mesma forma, sobre a reincidência e sua incompatibilidade com o Estado Democrático de Direito, sugere Santos citado por Rosa (2006, p. 355): "se mantida a ilusão de que o Estado pode sequestrar o cidadão para ministrar a 'recuperação' e diante da ausência de condições para tanto, no qual o 'cárcere deforma', em verdade, a reincidência deve ser considerada como 'atenuante', e não 'agravante'."

Outro ponto fundamental para a fixação da pena, pelo juiz, deveria ser o tempo da demora da prestação jurisdicional. Quando o acusado, mesmo não estando preso, fica sujeito a um processo com demora longa e injustificada, a sua pena deveria ser atenuada, com fulcro no art. 66 do Código Penal (ROSA, 206, p. 355-356). Essa lógica também é defendida por Lopes Jr. citado por Rosa (2006, p. 356):

> No Brasil, encontramos uma única decisão que realmente enfrentou a violação do direito de ser julgado num prazo razoável, com a seriedade e o comprometimento efetivo que a questão exige, aplicando uma das 'soluções compensatórias' cabíveis. Entendeu a 5ª Câmara do Tribunal de Justiça do Estado do Rio Grande do Sul, na Apelação n. 70007100902, rel. Dês. Luis Gonzaga da Silva Moura, j. 17/12/2003: 'Penal. Estupro e Atentado violento ao pudor. Autora e materialidade suficientemente comprovadas. Condenação confirmada. Redimensionamento da pena. Atenuante inominada do artigo 66 do Código Pena caracterizada pelo longo e injustificado tempo de tramitação do processo (quase oito anos) associado ao não-cometimento de novos delitos pelo apelante. Hediondez afastada. Provimento parcial. Unânime.

Assim, ressalta-se que, de modo geral, as penas aplicadas pelos juízes são consideravelmente inconstitucionais, pois violam princípios e garantias e direitos fundamentais. Curiosamente, essa forma inapropriada de fixação do tempo da pena tem como uma de suas consequências justamente o excesso de tempo. Logicamente, caso fossem respeitados os preceitos constitucionais e demais premissas de um Estado Democrático de Direito, certamente o tempo da pena fixado pelo juiz seria menor.

3.3 Reflexões e questionamentos: uma visão prospectiva

Não é fácil refletir e prever o futuro, especialmente em relação a uma área tão vasta, complexa e subjetiva como é o caso do Direito. Mesmo assim, na esperança de se construir um futuro melhor, surgem ideias para que a humanidade supere os obstáculos à sadia qualidade de vida dos homens. Talvez, a ideia de justiça reconstrutiva explicada por Garapon (2001, p. 313-314) venha ao encontro de tais sonhos:

> A ideia central da justiça reconstrutiva não varia: ela pretende atribuir aos principais interessados, isto é, não apenas à vítima ou ao autor mas também ao grupo social directamente afectado pelo crime, os recursos internos para reagir a uma infracção. Também a justiça reconstrutiva propõe-se voltar a dar mais poder às comunidades na gestão dos problemas sociais e reduzir a sua dependência em relação às instituições públicas. Ela quer ser uma resposta inteligente ao pluralismo moral próprio de toda a sociedade democrática. [...].
>
> A justiça reconstrutiva não acrescenta uma nova função à pena mas encara o que poderia ser uma justiça penal [...] definitivamente liberta da perspectiva infernal de um sofrimento acrescentado ao

sofrimento. Como? Ao oferecer a possibilidade ao autor de uma infracção de ser ele a reparar o mal que produziu.

Essa nova forma de justiça surge com o fato de a pena clássica não satisfazer nem a vítima, nem tampouco o acusado. E uma vez que todos concordam em denunciar a impotência da pena de prisão em atingir os objetivos a que se propõe, naturalmente, encontram-se adeptos a novas ideias (GARAPON, 2001, p. 314-315).

Continua Garapon (2001, p. 316-319):

> A filosofia reconstrutiva não quer separar o fim e os meios. Ela aposta que é responsabilizando o autor de uma infração que se desenvolverá nele o sentido da responsabilidade; não se pode encontrar melhor educador para ele... que ele próprio. Por trás da filosofia reconstrutiva, esconde-se assim uma nova concepção da intervenção pública que, ao contrário do movimento de espoliamento das vítimas pelo Estado do seu direito de se vingar, procura restituir ao agressor e ao agredido a sua capacidade ética. [...]
>
> O mal causado à vítima será compensado por um benefício do mesmo autor. [...] O que significa a ultrapassagem da violência não é tanto a reparação em si como a vontade expressa de reparar por um lado e a aceitação da reparação pela vítima, pelo outro. A simbolização da paz já não passa necessariamente pela pena mas também pela confiança mútua entre as pessoas envolvidas no conflito.

Garapon (2001, p. 320-321) observa que a justiça reconstrutiva evolui quando comparada à penalidade clássica: "Ao contrário da vingança que é uma troca de valores negativos, a justiça reconstrutiva aposta na dinâmica da troca. A instantaneidade da troca assume o lugar da duração da pena." Em seguida, o referido autor vai além: "A justiça reconstrutiva aposta que o estabelecimento de contacto entre o agressor e a vítima, o momento vivo do encontro, possa dispensar quantificar o crime em tempo ou dinheiro." (GARAPON 2001, p. 321).

De acordo com Garapon (2001, p. 321), "A justiça reconstrutiva calcula que a duração da pena situa-se num estado de ausência de peso [...], propõe [...] contorná-la completamente, concentrando-se no *momentum* da justiça, [...] na anulação imediata da injúria e a perspectiva distante do retorno à paz."

Um exemplo de filosofia reconstrutiva são os trabalhos não remunerados, efetuados para a coletividade, em vez de uma pena de prisão. É o significado da composição penal. O mérito dessa iniciativa estaria no caráter produtivo do trabalho, evitando-se os absurdos da pena de prisão (GARAPON, 2001, p. 321-322).

A evolução da justiça punitiva para a justiça reconstrutiva reorganiza os sistemas penais, não mais se respondendo a uma falta com uma pena, mas se reparando prejuízos concretos através de prestações materiais e morais, diretamente dirigidas à pessoa que foi vítima. Enquanto a justiça punitiva coloca um cidadão numa disputa contra o Estado, a justiça ora proposta aproxima autor e vítima, buscando o retorno à paz social (GARAPON, 2001, p. 322-323).

Ciente da dificuldade enfrentada por esta proposta, pondera Garapon (2001, p. 323 e 325):

> Não se pode fazer com que o que ocorreu não tenha ocorrido; não temos à nossa disposição nenhum meio real de fazer com que o que foi não tenha sido ou seja inteiramente reparado. Para quem Isa uma reparação, apenas os meios simbólicos são acessíveis. A reparação, mesmo quando ela é material, reveste sempre uma significação simbólica [...].
>
> Pede-se à justiça que se mostre criativa. [...] Leva a imaginar equivalentes simbólicos se a reparação não for possível; uma carta de desculpas, um trabalho gratuito para a colectividade, um serviço, isto é, uma actividade sem contrapartidas porque ela é um pagamento.

Enfim, Garapon (2001, p. 331) desabafa:

> A pena tradicional, nomeadamente a prisão da idade disciplinar não irá provavelmente desaparecer, mas perdeu a sua ambição universal. Já não pode pretender realizar as diferentes funções de retribuição, de reparação e de reabilitação. A lógica punitiva permanece, mas perdeu a sua soberba. Passa a apresentar-se por aquilo que ela é: o mal menor. A pena já não é a passagem obrigatória do retorno à paz: sabemos que existem outros caminhos para restaurar o elo social, mais directos e mais adaptados.

E para a justiça ser adaptada à realidade, em relação à prevenção, para se evitar a ocorrência do indesejado, é justo, adequado e preciso que se transforme a sociedade, passando esta a oferecer igualdade de oportunidades, bem como se conscientize os cidadãos acerca de princípios e valores comuns à comunidade. Isto é, a prevenção não cabe à pena, nem ao Poder Judiciário, mas depende da educação dos cidadãos.

O Poder Judiciário não deve ser responsável pela resolução de todos os problemas, mas deve se responsabilizar pelo bem-estar das pessoas. "O vocabulário da democracia deve encontrar novamente sua força e seu frescor originais: cidadão, terceiro, neutralidade, imparcialidade, erro, responsabilidade, regra." (GARAPON, 1999, p. 265).

A propósito, afirma Garapon (1999, p. 197 e 201) que a justiça tradicional tem uma função essencialmente punitiva, a saber, a de excluir o criador de problemas, pois "define a infração como um mau uso do livre-arbítrio." Então, atualmente, "Restaurar o sujeito de direito passa a ser, para a justiça, um objetivo político – e não somente humanista ou caridoso."

Para tanto, a intervenção judiciária deve almejar "Restituir ao indivíduo dominado, determinado, sob pressão da exclusão social, sua dignidade como sujeito de direito, despertando nele sua vocação soberana." (GARAPON, 1999, p. 201).

Refletindo acerca deste tema, acrescenta Garapon (1999, p. 204):

> Não se pode dar a uma delinquência que exprime um problema de identidade a mesma resposta que se dá a uma agressão deliberada contra a ordem pública. Se a pena é a reação a uma culpa, se o controle social é a solução para um sintoma, a

> reinserção no simbólico é a única resposta a um problema de identidade. À justiça se apresenta uma alternativa infernal: se ela limita-se a punir, mostra-se injusta; mas se quer somente cuidar, não apenas ela se furta à vítima e a toda ordem social, mas ainda será contraproducente sob o ponto de vista terapêutico. Não se consegue sair da alternativa: ajudar ou punir?
>
> Ora, esta oposição parece falsa e nociva. Falsa, antes de tudo, porque há muito tempo não existe mais uma repressão "pura", isto é, em qualquer perspectiva de reinserção. Menos ainda depois da supressão da pena de morte, o que, simbolicamente, dá a qualquer pena o horizonte de um retorno à sociedade.

Como se percebe, uma das ideias principais de Garapon (1999, p. 205 e 214) é que a sanção deve visar mais do que meramente segurança e a própria pena. Esta deve ter um sentido inteligente, encarando o seguinte desafio: "Como não sobrecarregar um indivíduo, certamente culpado, de injustiças das quais ele mesmo foi vítima?"

Por isso, novamente sugere uma relação mais apropriada entre juiz, pena de prisão e democracia: "Na pena de prisão, é o sofrimento, pela privação da liberdade, que constitui a sanção; em compensação, na pena que compreende a prestação de trabalho de interesse geral, é a restrição e não o sofrimento que se busca." (GARAPON, 1999, p. 215).

Continua Garapon (1999, p. 218 e 221), em sua visão prospectiva:

> A justiça democrática não se restringe a autorizar a suspensão dos direitos, mas

> também procura assegurar a *continuidade do espaço público e a indivisibilidade do sujeito de direito*. [...]
>
> Se quisermos ajudar qualquer um a se reinserir, a primeira coisa é fazer com que ele reconheça seu desvio. Ainda mais dentro desse novo contexto no qual a incerteza da norma impede que os detentos compreendam que infligiram a regra.

Por fim, compartilhando a sua visão futura e deixando clara a necessidade de o Direito acompanhar a evolução das relações sociais como condição para superação de seus obstáculos, Garapon (1997, p. 20-21) conclui:

> Sem a ajuda das ciências humanas, a justiça só poderá sustentar propósitos sem expressão; mas elas também não poderão debruçar-se correctamente sobre a justiça sem fazer referência à sua finalidade, isto é, a busca daquilo que é justo. [...]
>
> Querer o bem e acabar por praticar o mal: é essa a experiência trágica da justiça. A literatura compreendeu-o muito antes dos juristas, pelo que, quanto a isso, a tragédia ensina mais ao juiz do que a filosofia. Deste modo, [...] os juristas [...] têm todo o interesse em ouvir aquilo que os não-juristas têm para lhes dizer. Finalmente.

Não obstante, mostrando-se lúcido quanto à complexidade do desafio de adequar a pena ao Estado Democrático de Direito, o qual não se pode furtar da análise da pena de prisão como tempo de vida de cidadãos, e não como exclusão de um lixo que a própria sociedade produziu, Garapon (1999, p. 217-218) questiona: "existem pessoas para as quais nenhuma assistência social ou terapêutica parece suficiente. O que fazer com elas? O que prever para esses sujeitos que não se reintegraram, que são indiferentes a qualquer dimensão simbólica? Não se pode fugir à questão da pena cumprida em ambiente fechado."

3.4 A pena de prisão como tempo de vida em um Estado Democrático de Direito

Ao longo de todo este trabalho, já se tratou o conteúdo do presente ponto. Afinal, é justamente esse o tema ao qual esta pesquisa se propõe a estudar. Mesmo assim, a seguir, tentando-se relacionar algumas das ideias expostas, expressar-se-ão constatações.

Sempre foram elaboradas teorias para justificar o poder de penar do Estado (BITENCOURT, 2006). Inicialmente, os apenados respondiam com o próprio corpo, passando-se, mais tarde, à utilização do tempo como pena (MESSUTI, 2003). Há muitos anos se critica o sistema penal, sendo que, atualmente, afirma-se a sua total deslegitimação. Esta se dá por várias razões, entre elas, o desrespeito a direitos fundamentais dos apenados, além da própria ineficácia do referido sistema (ZAFFARONI, 1991).

As premissas de um Estado Democrático de Direito, a partir da ciência política, demonstram que, para os seres humanos conviverem, estabelecendo-se a paz social, é preciso que existam regras (RIBEIRO, 2001), as quais defenderiam os interesses dos cidadãos (MELLO, 2001) e seriam tuteladas principalmente pelo Estado (ALBUQUERQUE, 2001). No intuito de se alcançar essa convivência pacífica, deveria ser feito um controle social, tendo-se o Direito Penal apenas como um dos instrumentos necessários para tanto (CONDE, 2005). Todavia, por razões diversas, tem-se incumbido o Direito Penal como responsável por quase todo o controle social. Essa sobrecarga, naturalmente, além de ser imprópria e impotente, fere brutalmente o Estado Democrático de Direito (COPETTI, 2000).

No Brasil, ressalta-se, a pena de prisão fere garantias e princípios constitucionais. Os apenados são punidos não apenas com a retirada de seu tempo de vida (privação de liberdade), mas também com a inobservância de sua dignidade (ROSA, 2006). A propósito, o desrespeito aos direitos fundamentais não ocorre somente durante o cumprimento da pena de prisão, mas se constata, muitas vezes, que ocorreu ao longo de toda a vida do cidadão então apenado, quando este foi vítima da exclusão social, por exemplo. Retomando essa ideia, questiona e responde Pierangeli (1999, p. 268-269): "os indivíduos que não obtêm da sociedade mais do que desvantagens estão obrigados a respeitar as leis? [...] Não, sem dúvida. Se a sociedade os abandona, retornam ao estado de natureza e recobram pela força os direitos que somente alienaram para obter vantagens maiores."

Ora, considerando-se a falência da pena privativa de liberdade (ZAFFARONI, 1991), a diferença de o condenado cumprir pena de cinco ou de vinte anos é apenas o tempo que ele ficará afastado do convívio social. Pouco importa a duração da pena para fins de recuperação, ressocialização, reinserção etc., pois esses fins a que a pena privativa de liberdade se propõe geralmente não são atingidos. E o essencial: frente à luz de um Estado Democrático de Direito, o tempo da pena de prisão significa justamente o tempo de vida que se retira de um cidadão!

Então, o dilema: como se retirar tempo de vida de um cidadão, sabendo-se que em tal período sua dignidade será desrespeitada, bem como se justificando referida punição com a necessidade de se atingir determinados fins, mesmo que se saiba previamente que estes não serão atingidos? Frente às garantias constitucionais do modelo estatal brasileiro (THUMS, 2006), não seria o próprio Estado o maior delinquente? (ZAFFARONI, 1991).

Em outras palavras, o Direito utiliza o tempo para alcançar as suas finalidades, mas estas geralmente não são alcançadas, seja qual for o tempo despendido. Dessa forma, qual é a razão da pena de prisão, expressão sinonímia de pena privativa de liberdade? Qual é a razão de se ter penas tão longas? Alguns anos de pena privativa de liberdade podem significar quase a totalidade do tempo de vida de um cidadão apenado, tornando-se a pena de prisão irracional (MESSUTI, 2003), bem como se afrontando diretamente o Estado Democrático de Direito.

Ademais, qual é a razão de se retirar tanto tempo de vida, muitas vezes quase a totalidade do tempo de determinado apenado, por exemplo, em função de crimes que nem sequer foram cometidos contra a vida? Ressalta-se, num Estado Democrático de Direito a vida tem o valor supremo. Em tais casos, como em tantos outros, não haveria um desequilíbrio entre o tempo de prisão e o tempo de vida de um cidadão?

Valem as palavras de Coralina citada por Losekann (2005, p. 21):

> Tempo virá. Uma vacina preventiva de erros e violências se fará. As prisões se transformarão em escolas e oficinas. E os

> homens, imunizados contra o crime, cidadãos de um novo mundo, contarão às crianças do futuro estórias absurdas de prisões, celas, altos muros de um tempo superado. Aqueles que acreditam caminham para a frente!

A resposta à violência não pode ser violenta, mas deve ser inteligente (GARAPON, 2001). A prisão é o caos que a própria comunidade construiu (MESSUTI, 2003), sendo que os crimes e os criminosos também são obra de toda a sociedade. Não obstante, resumir a pena de prisão à retirada do tempo de vida de um cidadão de um Estado Democrático de Direito significa responsabilizar apenas o indivíduo pela delinquência, isentando-se o Estado. Por isso, derradeiramente, deve-se evoluir a forma de punir. Como reflete Garapon (2001), sempre que possível abolir a pena de prisão como tempo de vida, passando-se a construir, por exemplo, a justiça reconstrutiva proposta pelo autor e tratada anteriormente.

CONCLUSÃO

A presente monografia foi elaborada com a intenção de estudar e analisar a pena de prisão como tempo de vida em um Estado Democrático de Direito, pois, em tese, haveria um desequilíbrio entre o tempo de prisão e o tempo de vida de um cidadão, especialmente à luz do referido modelo estatal.

Para tanto, no primeiro capítulo, examinou-se a pena de prisão, reiterando-se o poder de penar do Estado, demonstrando-se a deslegitimação do sistema penal e evidenciando-se desequilíbrios na utilização do tempo como pena. Em síntese, isso evidenciou a falência da pena privativa de liberdade.

Da mesma forma, verificou-se que as teorias justificadoras do poder de punir do Estado são contestadas e ultrapassadas, sendo que, após também escancarada a deslegitimação do sistema penal, evidenciou-se a inaptidão da pena privativa de liberdade como instrumento para punir. A seguir, entendeu-se a utilização do tempo como pena, conferindo-se que tal método é irracional, pois não permite que as funções a que a pena se propõe sejam alcançadas.

No segundo capítulo, analisou-se a relação homem/crime e o Estado Democrático de Direito, elencando-se premissas de um Estado Democrático de Direito, a partir da ciência política, analisando-se a relação entre Direito Penal e controle social, bem como se confrontando sistema penal e Estado Democrático de Direito no Brasil.

Constatou-se, a partir dessa análise, que, no caso brasileiro, a não concretização do Estado Democrático de Direito deslegitima o sistema penal, sobrecarrega este como responsável por quase todo o controle social, bem como impulsiona a criminalidade. Ainda, atualmente, o sistema penal é ilegítimo e ineficaz, seja porque desrespeita os princípios e garantias constitucionais, seja porque não consegue responder às funções que lhe incumbem, de forma apropriada e suficientemente potente.

No terceiro capítulo, estudou-se o Garantismo, o princípio da Legalidade, o Direito Penal mínimo e o Direito Penal máximo; teceram-se considerações sobre o tempo; pensou-se na medida da pena estabelecida pelo juiz; relacionaram-se os pontos do presente estudo, refletindo-se sobre a pena de prisão como tempo de vida em um Estado Democrático de Direito, também se registrando uma visão prospectiva, como foi a sugestão de uma justiça reconstrutiva.

Ao se relacionar os pontos tratados, ressaltou-se que, no Brasil, a pena de prisão fere garantias e princípios constitucionais, podendo-se afirmar que os apenados são punidos não apenas com a retirada de seu tempo de vida (privação de liberdade), mas também com a inobservância de sua dignidade.

Além disso, frente à luz de um Estado Democrático de Direito, o tempo da pena de prisão significa justamente o tempo de vida que se retira de um cidadão, surgindo uma situação paradoxal: como se retirar tempo de vida de um cidadão, sabendo-se que em tal período sua dignidade será desrespeitada, bem como se justificando referida punição com a necessidade de se atingir determinados fins, mesmo que se saiba previamente que estes não serão atingidos? Da mesma forma, como se punir em democracia, especialmente quando o Estado Democrático de Direito deve proteger o direito à liberdade?

Por tais razões, não seria o próprio Estado igualmente delinquente? Em caso positivo, a resposta à violência estaria sendo violenta, e não inteligente. A pena privativa de liberdade estaria sendo meramente um meio de isolar o indivíduo apenado do restante da sociedade, isentando-se o Estado de concretizar a Constituição Federal, nada mais.

Então, se o Direito utiliza o tempo para alcançar as suas finalidades, mas estas geralmente não são alcançadas, seja qual for o tempo despendido, qual é a razão da pena privativa de liberdade? Qual é a razão de se ter penas tão longas?

Alguns anos de pena privativa de liberdade podem significar quase a totalidade do tempo de vida de um cidadão apenado, o que também contribui para a irracionalidade da pena, bem como afronta diretamente o Estado Democrático de Direito.

Por fim, comprovado, compreendido e escancarado que a utilização do tempo como pena é imprópria, impotente e ilegítima, por que a continuidade desse método irracional, que ignorantemente retira o tempo de vida de cidadãos? Derradeiramente, aprendeu-se que, numa visão prospectiva, deve-se abrir os olhos para novos modelos, como, por exemplo, o de justiça reconstrutiva.

REFERÊNCIAS

ALBUQUERQUE, J. A. Guilhon. Montesquieu: sociedade e poder. In: WEFFORT, Francisco C. (Org). **Os clássicos da política**. 13. ed. São Paulo: Ática, 2001. V 1.

BITENCOURT, Cezar Roberto. **Tratado de Direito Penal**: Parte Geral. São Paulo: Saraiva, 2006. V 1.

CONDE, Francisco Muñoz. **Direito penal e controle social**. Tradução de Cíntia Toledo Miranda Chaves. Rio de Janeiro: Forense, 2005.

COPETTI, André. **Direito penal e estado democrático de direito**. Porto Alegre: Livraria do advogado, 2000.

FERRAJOLI, Luigi. **Direito e razão**: teoria do garantismo penal. Tradução de Ana Paula Zomer. São Paulo: Revista dos Tribunais, 2002.

GALEANO, Eduardo. **De pernas para o ar** (A escola do mundo ao avesso). Tradução de Sérgio Franco. 7. ed. Rio de Janeiro: L&PM, 1999.

GARAPON, Antoine. **Bem julgar**: ensaio sobre o ritual judiciário. Tradução de Pedro Filipe Henriques. Lisboa: Instituto Piaget, 1997.

GARAPON, Antoine. **O juiz e a democracia**: o guardião das promessas. Tradução de Maria Luiz de Carvalho. 2. ed. Rio de Janeiro: Revan, 1999.

GARAPON, Antoine. **Punir em democracia**: e a justiça será. Tradução de Jorge Pinheiro. Lisboa:

Instituto Piaget, 2001.

LOSEKANN, Luciano André. Sistema prisional e segurança pública. **Zero hora**, Porto Alegre, 27 nov. 2005. p. 21.

MELLO, Leonel Itaussu Almeida. John Locke e o individualismo liberal. In: WEFFORT, Francisco C. (Org). **Os clássicos da política**. 13. ed. São Paulo: Ática, 2001. V 1.

MESSUTI, Ana. **O tempo como pena**. Tradução de Tadeu Antonio Dix Silva e Maria Clara Veronesi de Toledo. São Paulo: Revista dos Tribunais, 2003.

OST, François. **O tempo do direito**. Tradução de Maria Fernanda Oliveira. Lisboa: Instituto Piaget, 1999.

PIERANGELI, José Henrique. **Manual de direito penal brasileiro**: parte geral. São Paulo: Revista dos Tribunais, 1999.

RIBEIRO, Renato Janine. Hobbes: o medo e a esperança. In: WEFFORT, Francisco C. (Org). **Os clássicos da política**. 13. ed. São Paulo: Ática, 2001. V 1.

ROSA, Alexandre Morais da. **Decisão Penal: a Bricolage de Significantes**. Rio de Janeiro: Lumen Juris, 2006.

THUMS, Gilberto. **Sistemas processuais penais**: Tempo. Tecnologia. Dromologia. Garantismo. Rio de Janeiro: Lumen Juris, 2006.

WEFFORT, Francisco C. (Org.). **Os clássicos da política**. São Paulo: Ática, 2001.

ZAFFARONI, Eugenio Raul. **Em busca das penas perdidas:** a perda da legitimidade do sistema penal. Tradução de Vania Romano Pedrosa e Amir Lopez da Conceição. 5. ed. Rio de Janeiro: Revan, 1991.

www.ingramcontent.com/pod-product-compliance
Lightning Source LLC
Chambersburg PA
CBHW071754170526
45167CB00003B/1023